云会计

实务操作教程

金蝶精斗云《云会计实务操作教程》编写组◎主编

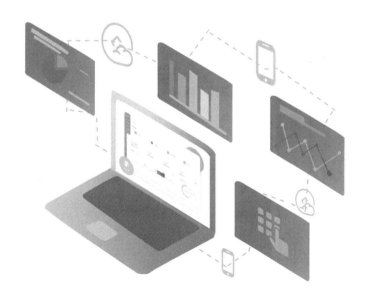

经济管理出版社

ECONOMY & MANAGEMENT PUBLISHING HOUSE

图书在版编目（CIP）数据

云会计实务操作教程 / 金蝶精斗云《云会计实务操作教程》编写组主编. —北京：经济管理出版社，2019.6（2019.9重印）

ISBN 978－7－5096－6655－5

Ⅰ.①云…　Ⅱ.①金…　Ⅲ.①会计学—教材　Ⅳ.①F230

中国版本图书馆 CIP 数据核字（2019）第 117628 号

组稿编辑：魏晨红

责任编辑：魏晨红

责任印制：黄章平

责任校对：陈　颖

出版发行：经济管理出版社

　　　　　（北京市海淀区北蜂窝 8 号中雅大厦 A 座 11 层 100038）

网　　　址：www. E－mp. com. cn

电　　　话：（010）51915602

印　　　刷：北京市海淀区唐家岭福利印刷厂

经　　　销：新华书店

开　　　本：787mm×1092mm/16

印　　　张：13

字　　　数：285 千字

版　　　次：2019 年 8 月第 1 版　　2019 年 9 月第 2 次印刷

书　　　号：978－7－5096－6655－5

定　　　价：46.00 元

主 审

李光学

主 任

许　彬　才　俊　肖　琦　张　勇　周锦勤　熊　雯　伍　红
戴　婷　鲍国军　郭宇鹏

副主任

高晓纯　薛　凯　马玉娇　陈娇智　林少州　丘弘涠　魏文琴
谢月美　赵艳玲　黄　磊　王　黎　王利强　肖　瑶　王朝东
李　纯　苏玉兰　王婷婷

前言

为快速提升会计操作技能，本教材以金蝶精斗云云会计为蓝本，按照会计业务处理，引入企业真实案例，通过业务实操来掌握运用云会计处理会计业务工作的基本操作技能和流程。

本书以行动导向为理念，以项目教学法为方法，以典型工作任务为主线，对建账、日常业务处理、期末处理、财务报表编制与指标分析等内容，从实训目的、实训任务、任务实施、任务评价、拓展提升等方面展开。

本书实用性强，上手容易。围绕公司业务案例，详细讲述金蝶精斗云云会计的注册、日常单据处理和各种报表查询等操作。在业务案例讲解时，步骤清晰，每一步都配有相应的操作图片，便于学员快速掌握。通过业务实例练习，可以更好地掌握相应内容，提高财务核算水平和管理水平。

本书可作为高等学校会计类专业以及经济管理类实训实践教学用书，也可以作为企业财务会计人员上岗以及培训用书，还可以作为对财务会计感兴趣、对金蝶精斗云云会计感兴趣的读者学习、参考和实践训练用书。

本书涉及的业务案例、企业背景中的姓名、单位、地址等部分或全部为虚构，如有雷同，纯属巧合。本书在编写过程中得到了有关专家、财务业务骨干、产品经理的支持和帮助，在此诚恳地感谢各位的辛勤付出与指导。由于时间有限、编写过程中难免存在一些不足和遗憾，恳请各位读者提出改进建议(邮箱：565411438@qq.com)，在此表示感谢！

目录

项目1 走进财会工作

========================= 学习目标 =========================

知识目标

(1) 了解财会工作。

(2) 理解会计的含义和职能。

(3) 理解会计岗位与工作流程。

(4) 理解出纳岗位与工作流程。

(5) 掌握会计要素、会计科目和会计等式。

(6) 掌握会计核算方法。

(7) 理解会计软件的概念和精斗云云会计业务处理流程。

能力目标

(1) 能分析会计要素。

(2) 能识别会计科目。

(3) 能分析经济业务对会计等式的影响。

(4) 能运用会计核算方法分析相关经济业务。

(5) 能运用财会相关理论分析精斗云云会计业务处理流程。

任务1 走进会计职场

业务1-1 走进企业

一、企业概念与其组织形式

通常所说的企业,一般是指以盈利为目的,直接组合、运用各种生产要素,从事生产、流通、服务等经济活动,依法成立,实行自主经营,独立享受权利和承担义务的法人型或非法人型经济组织。

一般来说,企业具有组织性、经济性、商品性、营利性和独立性等特征。

企业组织形式是指企业存在的形态和类型,企业的组织形式从法律上讲主要包括个体工商户、个人独资企业、合伙企业、公司制企业和农民专业合作社。

无论企业采用何种组织形式,都应具有两种基本的经济权利,即所有权和经营权,它们是企业从事经济运作和财务运作的基础。企业采用何种组织形式,对企业理财工作有重大的影响,它表明一个企业的财产构成、内部分工协作以及与外部社会经济联系的方式。

根据市场经济的要求,现代企业的组织形式按照财产的组织形式和所承担的法律责任划分,国际上通常分类为独资企业、合伙企业和公司制企业。

1. 独资企业

独资企业是由个人出资经营、归个人所有和控制、由个人承担经营风险和享有全部经营收益的企业。独资企业是最古老、最简单的一种企业组织形式,主要适用于零售业、农业、手工业、服务业和家庭作坊等。

2. 合伙企业

合伙企业是指由各合伙人(几个人到几百人不等)订立合伙协议,共同出资,共同经营,共享收益,共担风险,并对企业债务承担无限连带责任的营利性组织。

合伙企业通常是依合同或协议组织起来的,结构较不稳定。合伙人对整个合伙企业所欠的债务负有无限连带责任。法律还规定合伙人转让其所有权时需要取得其他合伙人的同意,有时甚至还需要修改合伙协议,因此其所有权的转让比较困难。

3. 公司制企业

公司制企业是按所有权和管理权分离,出资者按出资额对公司承担有限责任创办的企业,主要包括有限责任公司和股份有限公司。

(1) 有限责任公司指不通过发行股票,而由为数不多的股东共同出资组建的公司(一般由 2 人以上 50 人以下股东共同出资设立),是指股东以其认缴的出资比率为限对公司承担责任,公司以其全部财产对公司的债务承担责任的企业法人。在有限责任公司中,董事和高层经理人员往往具有股东身份,使所有权和管理权的分离程度不如股份有限公司那样高。有限责任公司的财务状况不必向社会披露,公司的设立和解散程序比较简单,管理机构也比较简单,比较适合中小型企业。

(2) 股份有限公司全部注册资本由等额股份构成并通过发行股票(或股权证)筹集资金,公司以其全部资产对公司债务承担有限责任的企业法人。其主要特征是:公司的资本总额平分为金额相等的股份;股东以其所认购股份对公司承担有限责任,公司以其全部资产对公司债务承担责任;每一股有一表决权,股东以其持有的股份,享受权利,承担义务(其本质也是一种有限责任公司)。

二、企业的组织架构

企业组织结构作为一种决策权的划分体系及各部门的分工协调体系,是进行企业流程运转、部门设置及职能规划等最基本的结构依据,常见的组织结构形式包括中央集权、分权、直线以及矩阵式等。组织架构需根据企业经营目标,配置相应的企业管理要素,形成相对稳定的科学的管理体系。

三、企业的利益相关者

利益相关者一般是指与组织有一定利益关系的个人或其他群体,他们能够被其他一个群体组织影响,同时也能对群体组织产生影响。可能是组织内部的(如雇员),也可能是组织外部的(如供应商或压力群体)。

1. 投资者(股东)

投资者是企业中最重要的利益主体,作为企业创始者,企业利益与投资者利益紧密关联,投资者追求利润的目的决定了企业的营利性质。企业的资产来源于股东的投资,投资者将资产交给企业,就丧失了对该资产的所有权或者说所有权受到了限制。资产为公司所有,股东无权收回,在符合《公司法》规定的前提下可以适当减资,注册资本属于公司的自有资本,这些资本是企业进行市场活动和对外承担责任的物质基础。

2. 经营者

经营者作为从事商品生产、经营或者提供服务的自然人、法人和其他组织。

企业的目标实现直接依赖于经营者的实践活动。经营者是以盈利为目的从事生产经营活动,其内在需求是追求个人效用的最大化,包括物质方面、精神方面和社会地位等。为确保经营者的个人动机符合企业和投资者的利益要求,需要企业内外部监督、市场竞争力量的制约与约束。

3. 职工

职工一般是指我国企事业单位、机关中以工资作为主要生活来源的劳动者、工作人员。依据劳动法,我国职工(劳动者)享有的权利包括:平等就业和选择职业的权利;取得劳动报酬的权利;带薪休息休假的权利;获得劳动安全卫生保护的权利;接受职业技能培训的权利;享有社会保险和福利的权利;提请劳动争议处理的权利;依法参加和组织工会以及法律规定的其他劳动者权利。作为职工(劳动者)必须履行的义务包括:遵守劳动合同,完成劳动任务;提高职业技能;执行劳动安全卫生规程;遵守劳动纪律和职业道德。

职工代表是指由企业全体职工在民主选举的基础上产生的,代表职工与用人单位就劳动报酬、工作时间、休息休假、劳动安全卫生、保险福利等事项进行平等协商或签订集体合同的职工。职工代表的职责有讨论本公司涉及职工利益的有关事项,向全体职工负责并报告工作;听取公司工作报告,监督公司的工作;广泛听取职工意见,及时向公司提出工作建议;必要时提请召开职工大会。

4. 政府

作为社会的管理者,承担着调整社会成员之间相互关系,维护社会持续稳定发展的重任。我国政府在企业社会责任履行中充当引导者、推动者、规制者、催化者和监督者的角色。国家对企业管理的目的主要有三种:一是国家对企业的社会性管理,包括维护经济秩序、治安秩序和其他社会秩序;二是国家对企业的财政性管理,主要通过税收等形式对企业进行财政性分配和再分配;三是国家的经济调节性管理,以保障和促进社会经济结构的协调稳定和发展。

5.债权人

银行等金融机构借贷人和供应商通过给予公司贷款,或者提供存货物资和设备等,成为企业的债权人。它们更关心企业的债息收入、经营状况、通货膨胀以及对其的法律保障等。

6.顾客

顾客是商店或服务行业前来购买东西的人或要求服务的对象。在面对企业产品或者服务时,主要考虑以下因素:价格是否合理、产品可靠性、商品信息的真实性以及售后服务的满意度等。反之,顾客对企业产品或者服务不满意时,会通过宣传和法律途径来维护自己的权益,会对企业造成不利影响,甚至影响企业运转。

7.社会主体

社会主体一般是指处在一定社会关系中从事实践活动的人及其群体,主要包括社区、媒体、社会大众、社会利益团体等。社会主体在一定程度上可通过社会舆论、申诉或诉讼等途径对企业的不法行为及不正当行为进行控诉。

8.竞争者

在社会群体中,由于企业提供的产品或服务以及服务的目标顾客也存在一定相似,企业之间就会存在一定的竞争。竞争者关心企业的市场占有率、竞争强度、产业情报、产品创新、营销手法等,但它同时也可以通过策略联盟、市场竞争、垂直整合、掌握关键技术、占领有利市场等手段来影响企业的生产经营活动。

业务1-2 了解财务部门及人员设置

一、财务部门

财务部门是指对企业经济活动进行核算和监督,以促进企业加强经济管理、提高经济效益的职能部门。搭建财务框架(即财务会计机构的设置)需根据企业实际经营特点和规模来决定,并遵循适应性、牵制性、效率性等原则。

财务机构通常叫作财务处、财务科、财务部或财务组等。在现代企业中,会计核算与财务管理职能分离,会计机构可以称为会计处、会计科、会计股或会计组等。

二、财务人员岗位设置原则与岗位职责

企业应根据自身规模大小、业务量多少等具体情况设置会计岗位,一般大中型企业应设置会计主管、出纳、固定资产核算、材料物资核算、工资核算、成本核算、收入、利润核算、资金核算、总账报表和稽核等会计岗位。

小型企业因业务量较少,应适当合并减少岗位设置,例如,可设置出纳、总账报表和明

细分类核算等会计岗位。现以财务经理岗位、会计岗位和出纳岗位为例,说明各岗位职责。

1.财务经理岗位职责

(1) 负责公司的全面财务会计工作。

(2) 负责制定公司的财务会计准则或制度、细则和办法。

(3) 解释、解答、培训与公司的财务会计有关的法规和制度。

(4) 分析管控公司财务收支和预算的执行情况。

(5) 审核公司的各种财税原始单据。

(6) 审核公司的记账凭证,审核公司的会计报表。

(7) 定期组织盘点公司资产。

(8) 负责定期组织财产清查。

(9) 承办董事会、总经理等交办的其他财务工作。

(10) 加强日常财务管理和成本控制,严格控制财务收支;按期汇集、计算和分析成本控制情况,加强成本控制和管理,向高层领导提出成本控制分析报告和成本计划。

(11) 确保依法纳税,严格审查应交税费金,督促有关岗位人员及时办理手续。

2.会计岗位职责

(1) 负责记好财务总账及各种明细账目。手续完备、数字准确、书写整洁、登记及时、账面清楚。

(2) 负责编制月、季、年终决算报告和经营管理等各类报表。

(3) 协助经理编制并执行预算。

(4) 认真审核原始凭证,对违反规定或不合格的凭证应拒绝入账。要严格执行开支范围和开支标准。

(5) 定期核对固定资产等资产类账目,做到账实相符。

(6) 配合审计部门等检查工作,及时提供资料和反映情况。

(7) 每月向公司领导层汇报公司财务状况、经营成果、现金流量等财务信息。

(8) 监督与帮助出纳做好工资、奖金的发放工作。

(9) 负责掌管财务各种印章,严格管控支票的签发。

(10) 如期填报审计报表,认真自查,按时报送会计资料。

(11) 加强安全防范意识和安全防范措施,严格执行财务管理方面的安全制度,确保不出安全问题。

3.出纳岗位职责

(1) 要认真审查各种报销或支出的原始凭证,对违反国家规定或有误差的,要拒绝办理报销手续。

(2) 要根据原始凭证,记好现金和银行账,并负责以上凭证的录入工作。

(3) 严格遵守现金管理制度,库存现金不得超过定额、不错支、不挪用、不得用白条抵顶库存现金,保持现金实存与现金账面一致。

（4）负责到银行办理现金支取和对账工作。

（5）负责支票签发管理，不得签发空头支票，按规定设立支票领用登记簿。

（6）负责做好工资、奖金的发放工作。

（7）及时与银行对账，做好银行存款余额调节表。

（8）根据规定和协议，做好应收款工作，定期向主管领导汇报收款情况。

（9）定期装订会计凭证、账簿、表册等，妥善保管和存档，当年会计档案由会计人员保管，往年会计档案由档案室保管。

（10）负责单位领导、部门经理交办的工作。

任务2　熟悉会计与出纳岗位

业务1-3　熟悉会计岗位与工作流程

一、会计岗位与职能

会计是以货币为主要计量单位，采用专门方法和程序，对企业和行政、事业单位的经济活动进行完整的、连续的、系统的核算（反映）和监督（控制），以提供经济信息和反映受托责任履行情况为主要目的的经济管理活动。

作为"过程的控制和观念总结"的会计，在经济管理过程中具有会计核算和会计监督两项基本职能，还具有预测经济前景、参与经济决策、评价经营业绩等拓展职能。

1. 核算职能

会计的核算职能是会计的首要职能。会计的核算职能又称会计反映职能，是指会计以货币为主要计量单位，对特定主体的经济活动进行确认、计量和报告。会计核算的内容主要包括：

（1）款项和有价证券的收付。

（2）财物的收发、增减和使用。

（3）债权、债务的发生和结算。

（4）资本、基金的增减。

（5）收入、支出、费用、成本的计算。

（6）财务成果的计算和处理。

（7）需要办理会计手续、进行会计核算的其他事项。

2. 监督职能

会计的监督职能又称会计控制职能，是指对特定主体经济活动和相关会计核算的真实性、合法性和合理性进行监督检查。会计监督具有以下三个方面的特点：

（1）主要通过价值指标进行。

（2）对企业的经济活动的全过程进行监督，包括事前监督、事中监督及事后监督。

（3）监督依据包括合法性与合理性两方面。

会计目标也称会计目的，是要求会计工作完成的任务或达到的标准，即向财务会计报告使用者提供与企业财务状况、经营成果和现金流量等有关的会计信息，反映企业管理层受托责任履行情况，有助于财务会计报告使用者作出经济决策。

二、设置会计工作岗位的基本原则

1.根据本单位会计业务的需要设置会计工作岗位

各单位会计工作岗位的设置应与本单位业务活动的规模、特点和管理要求相适应。会计岗位可以一人一岗、一人多岗或者一岗多人。一般而言，小型企业大都"一人一岗"和"一人多岗"，而大中型企业"一岗多人"的情况则比较普遍。

2.符合内部牵制制度的要求

会计机构内部牵制制度国际上也称为会计责任分离，实质上是我国传统的"钱、账分管"制度。内部牵制制度，是指凡涉及款项或者财务的收付、结算以及登记工作，必须由两人或者两人以上分工办理，以相互制约的工作制度。在一个单位中，会计的舞弊行为大多牵涉到现金的贪污、挪用，所以，会计机构内部牵制制度的目的主要是保证货币资产的安全。根据规定，会计工作岗位可以一人一岗、一人多岗或者一岗多人，但出纳人员不得兼管稽核。

3.会计人员的工作岗位要有计划地进行轮岗

会计人员的工作岗位要有计划地进行轮岗，以促进会计人员全面熟悉业务和不断提高业务素质。会计人员轮岗，不仅是会计工作本身的需要，也是加强会计人员队伍建设的需要，有利于增强会计人员之间的团结合作意识，进一步完善单位内部会计控制制度。

4.建立岗位责任制

会计机构内部岗位责任制，是指明确各项具体会计工作的职责范围、具体内容和要求，并落实到每个会计工作岗位或会计人员的一种会计工作责任制度。会计岗位责任制是单位会计人员履行会计岗位职责，提高工作效率的有效保证。因此，各单位应当建立会计岗位责任制。

三、会计人员工作流程

会计人员必须了解会计整个工作流程，更应该了解相关的财务软件。目前，企业多采用信息化管理，应该知道如何使用软件和如何设置，只要凭证制作正确，其余工作由计算机自动完成：凭证—汇总—明细账—总账—报表等。会计工作的基本流程，就是会计人员在会计期间内，按照国家规定的会计制度，运用一定的会计方法，遵循一定的会计步骤对经济数据进行记录、计算、汇总、报告，从编制会计凭证、登记会计账簿到形成财务报告的过程。通常，将这种依次发生、周而复始的以记录为主的会计处理过程称为会计循环。会计工作大致环节如下：

（1）根据原始凭证或原始凭证汇总表填制记账凭证。

（2）根据收付记账凭证登记现金日记账和银行存款日记账。

（3）根据记账凭证登记明细分类账。

（4）根据记账凭证汇总、编制科目汇总表。

（5）根据科目汇总表登记总账。

（6）根据总账和明细分类账编制资产负债表和利润表。

（7）分析企业财务状况、经营成果、现金流量等。

业务1-4 熟悉出纳岗位与工作流程

一、出纳岗位与职能

出纳，顾名思义，出就是支出，纳就是收入。出纳这个词，作为会计名词，运用在不同的场合有着不同的含义。在企业的财务工作中，出纳既可以指出纳工作，也可以指从事出纳工作的人员，也就是出纳人员。

出纳岗位作为"会计工作第一岗"，是会计工作的重要环节，涉及的是现金收付、银行结算等活动，具体来说，出纳工作有广义与狭义之分。从狭义上来说，出纳工作仅指各单位会计部门专设的出纳岗位或人员的各项工作。从广义上来说，只要是票据、货币资金和有价证券的收付、保管、核算，都属于出纳工作。

出纳工作是管理货币资金、票据、有价证券进进出出的一项工作。具体来说，出纳的主要工作是根据有关的规定和制度，办理本单位的现金收付、银行结算及有关账务，同时还要负责保管库存现金、有价证券、财务印章及有关票据等。出纳工作是财会工作的一个重要组成部分，肩负着收付、反映、监督、管理四个重要职能。

（1）收付职能。企业在经营活动中会涉及款项的收付、各种有价证券和金融业务往来的办理，而所有这些业务往来的现金、银行存款、票据、金融证券的收付和办理，都必须经过出纳人员之手。

（2）反映职能。出纳要根据国家规定的统一的货币计量单位，通过其持有的现金日记账与银行存款日记账、各种有价证券的明细分类账，对所在单位的货币资金和有价证券进行详细的记录与核算，以便为经济管理和投资决策提供所需的完整的、系统的经济信息。

（3）监督职能。出纳不仅要对本单位的货币资金和有价证券进行详细的记录与核算，为经济管理和投资决策提供所需的完整的、系统的经济信息，还要对企业的各种经济业务，特别是货币资金收付业务的合法性、合理性和有效性进行全过程的监督。

（4）管理职能。出纳人员通过对本单位货币资金与有价证券的保管，对银行存款和各种票据的管理，对企业资金使用效益的分析研究，为企业投资决策提供金融信息。在有些企业，出纳人员甚至直接参与企业的方案评估、投资效益预测分析等工作。

二、出纳日常工作

出纳是会计工作的重要环节,它涉及企业的现金收付、银行结算等活动,直接关系到个人、单位乃至国家的经济利益,一旦出现差错,就会造成不可挽回的损失。为此,《会计法》《会计基础工作规范》等国家财会法规明确规定了出纳人员的职责。

(1)按照国家有关现金管理和银行结算制度的规定,办理现金收付和银行结算业务。出纳员应严格遵守现金开支范围,非现金结算范围不得用现金收付;遵守库存现金限额,超过限额的现金按规定及时送存银行;现金管理要做到日清月结,账面余额与库存现金每日下班前应进行核对,发现问题及时查对;银行存款账与银行对账单也要及时进行核对,如有不符,应立即通知银行调整。

(2)根据会计制度的规定,在办理现金和银行存款收付业务时,要严格审核有关原始凭证,再据以编制收付款凭证,然后根据编制的收付款凭证逐笔按顺序登记现金日记账和银行存款日记账,并结出余额。

(3)按照国家外汇管理和结汇、购汇制度的规定及有关批件,办理外汇出纳业务。外汇出纳业务是政策性很强的工作,随着改革开放的不断深入发展,国际间经济交往日益频繁,外汇出纳也越来越重要。出纳人员应熟悉国家外汇管理制度,及时办理结汇、购汇、付汇,避免国家外汇损失。

(4)掌握银行存款余额,不准签发空头支票,不准出租、出借银行账户为其他单位办理结算。这是出纳员必须遵守的一条纪律,也是防止经济犯罪、维护经济秩序的重要方面。出纳员应严格把控支票和银行账户的使用和管理,从出纳这个岗位上堵住结算漏洞。

(5)确保库存现金和各种有价证券(如国库券、债券、股票等)的安全与完整。严格执行本单位情况的现金和有价证券保管责任制度,如发生短缺,属于出纳员责任的要进行赔偿。

(6)保管有关印章、空白收据和空白支票。印章、空白票据的安全保管十分重要,在实际工作中,因丢失印章和空白票据给单位带来经济损失的不乏其例。对此,出纳员必须高度重视,建立严格的管理办法。通常,单位财务专用公章和出纳员名章要实行分管,交由出纳员保管的出纳印章要严格按规定用途使用,各种票据要及时办理领用和注销手续。

任务3　熟悉会计核算

业务1-5　认识会计要素及其计量

一、会计要素及其确认条件

会计要素是根据交易或者事项的经济特征所确定的财务会计对象和基本分类。

我国《企业会计准则》将会计要素分为资产、负债、所有者权益、收入、费用和利润六类。其中,前三类属于反映财务状况的会计要素,在资产负债表中列示;后三类属于反映经营成果的会计要素,在利润表中列示。

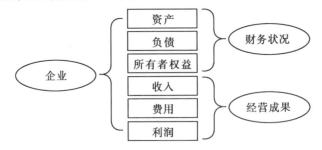

1. 资产的定义及确认条件

资产是指企业过去的交易或者事项形成的、由企业拥有或者控制的、预期会给企业带来经济利益的资源。例如,企业通过购买、自行制造等方式形成的某项设备或因销售产品而形成的一项应收账款(过去的交易或事项形成的)是资产。预计在未来某个时点将要购买的设备,预期的交易或事项,不能确认为资产。同时,企业以租赁方式租入的固定资产不属于承租人的资产,属于出租人的资产。技术已经淘汰的生产线,不能再作为资产,应予以转销。

将一项资源确认为资产,需要符合资产的定义,同时还应满足以下两个条件:一是与该资源有关的经济利益很可能流入企业;二是该资源的成本或者价值能够可靠地计量。

2. 负债的定义及其确认条件

负债是指由企业过去的交易或者事项形成的、预期会导致经济利益流出企业的现时义务。将一项现实义务确认为负债,需要符合负债的定义,同时还应满足以下两个条件:

(1) 与该义务有关的经济利益很可能流出企业。

(2) 未来流出经济利益的金额能够可靠地计量。

3. 所有者权益的定义及其确认条件

所有者权益是指企业资产扣除负债后,由所有者享有的剩余权益。资产减去负债后的余额也称为净资产,因此,所有者权益实际上是投资者(即所有者)对企业净资产的所有权。所有者权益体现的是所有者在企业中的剩余权益,因此,所有者权益的确认和计量不能单独进行,主要依赖于资产和负债的确认和计量。所有者权益在数量上等于企业资产总额扣除债权人权益后的净额,即为企业的净资产,反映所有者(股东)在企业资产中享有的经济利益。

4. 收入的定义及其确认条件

收入是指企业在日常活动中所形成的、会导致所有者权益增加的、与所有者投入资本无关的经济利益的总流入。日常活动是指企业为了完成其经营目标所从事的经常性活动以及与之相关的活动。

企业收入的来源渠道虽然多种多样,但是收入的确认条件却是相同的。当企业与客户之间的交易同时满足下列条件时,企业应当确认为收入:

(1) 企业已将商品所有权上的主要风险和报酬全部转移给购买方。

(2) 企业既没有保留通常与所有权相联系的继续管理权,也没有对已售出商品实施控制。

（3）收入的金额能够可靠地计量。

（4）相关的经济利益很可能流入企业。

（5）相关已发生或将发生成本能够可靠地计量。

收入是企业在销售商品、提供劳务及让渡资产使用权等日常活动中所形成的经济利益的总流入。收入不包括为第三方或客户代收的款项，如向购货方收取的增值税销项税额等。

5.费用的定义及其确认条件

费用是指企业在日常活动中所发生的、会导致所有者权益减少的、与向所有者分配利润无关的经济利益的总流出。费用的确认除了应当符合定义外，至少应当符合以下条件：

（1）与费用相关的经济利益应当很可能流出企业。

（2）经济利益流出企业的结果会导致资产的减少或者负债的增加。

（3）经济利益的流出额能够可靠地计量。

6.利润的定义及其确认条件

利润是指企业在一定会计期间的经营成果。通常情况下，如果企业实现了利润，表明企业的所有者权益将增加，业绩得到了提升；反之，如果企业发生了亏损（即利润为负数），表明企业的所有者权益将减少，业绩下降。利润是评价企业管理层业绩的指标之一，也是投资者等财务会计报告使用者进行决策时的重要参考依据。

利润反映的是收入减去费用、成本、损失和税金等项目之后的净额。利润的确认主要依赖于收入和费用，以及直接计入当期利润的利得和损失，其金额的确定也主要取决于收入、费用、利得、损失金额的计量。

利润包括收入减去费用后的净额、直接计入当期损益的利得和损失等。其中，收入减去费用后的净额反映企业日常活动的经营业绩；直接计入当期损益的利得和损失反映企业非日常活动的业绩。直接计入当期损益的利得和损失是指应当计入当期损益，最终会引起所有者权益发生增减变动的、与所有者投入资本或者向所有者分配利润无关的利得或者损失。企业应当严格区分收入和利得、费用和损失，以便全面反映企业的经营业绩。

二、会计要素计量属性及其应用原则

会计要素的计量是将符合确认条件的会计要素登记入账并列报于财务报表而确定其金额的过程。企业应当按照规定的会计计量属性进行计量，确定相关金额。

会计计量属性是指会计要素的数量特征或外在表现形式，反映了会计要素金额的确定基础，主要包括历史成本、重置成本、可变现净值、现值和公允价值等。其中，历史成本是我国会计核算的一个基本计量属性。

（1）历史成本。历史成本又称实际成本，是指取得或制造某项财产物资时所实际支付的现金或者现金等价物。

（2）重置成本。重置成本又称现行成本，是指按照当前市场条件，重新取得同样一项资产所需要支付的现金或者现金等价物的金额。

（3）可变现净值。可变现净值是指在正常的生产经营过程中，以预计售价减去进一步加工成本和预计销售费用以及相关税费后的净值。

（4）现值。现值是指对未来现金流量以恰当的折现率进行折现后的价值,是考虑货币时间价值的一种计量属性。

（5）公允价值。公允价值是指市场参与者在计量日发生的有序交易中,出售一项资产所能收到或者转移一项负债所需支付的价格。

综上所述,企业在对会计要素进行计量时,根据《会计法》和《企业会计准则》的规定,一般多采用历史成本。采用重置成本、可变现净值、现值、公允价值计量的,应当保证所确定的会计要素金额能够持续取得并可靠计量。

三、会计等式

会计等式又称会计恒等式、会计方程式或会计平衡公式,它是表明各会计要素之间基本关系的等式。会计等式是指反映各项会计要素之间基本关系的表达式。会计等式的分类具体如下:

1.静态等式

静态等式是反映企业在某一特定日期财务状况的会计等式,是由静态会计要素(资产、负债和所有者权益)组合而成。其公式为:

$$资产＝负债＋所有者权益$$

这一等式被称为财务状况等式,反映了资产、负债和所有者权益三个会计要素之间的关系,揭示了企业在某一特定时点的财务状况。具体而言,它表明了企业在某一特定时点所拥有的各种资产以及债权人和投资者对企业资产要求权的基本状况,表明企业所拥有的全部资产,都是由投资者和债权人提供的。

2.动态等式

动态会计等式是反映企业在一定会计期间经营成果的会计等式,是由动态会计要素(收入、费用和利润)组合而成的。其公式为:

$$收入-费用＝利润$$

3.综合等式

综合会计等式:

$$期末资产＝(期末负债＋期初所有者权益)＋(收入-费用)$$
$$＝(期末负债＋期初所有者权益)＋利润$$

这一等式综合了企业利润分配前财务状况等式和经营成果等式之间的关系,揭示了企业的财务状况与经营成果之间的相互联系。

业务1-6 掌握会计核算方法

一、会计方法的概述

会计方法是指用何种手段去实现会计的任务,完成会计核算和监督的职能。会计的方法包括会计核算、会计分析、会计考核、会计预测和会计决策方法等。其中,会计核算方法是最基本、最主要的方法。本节只介绍会计核算的方法,它是初学者学习会计必须掌握的基础知识。至于会计预测、控制方法以及会计分析方法将在以后相关课程中,结合具体业务讲述。

二、会计的核算方法

会计核算的方法是对会计对象进行连续、系统、全面的核算和监督所应用的方法。主要包括以下七种专门方法:设置会计科目及账户、复式记账、填制和审核凭证、登记账簿、成本计算、财产清查、编制会计报表。这七种方法相互联系共同组成会计核算的方法体系。

1.设置会计科目及账户

设置会计科目及账户是对会计对象具体内容进行的分类反映和监督方法。会计对象包含的内容纷繁复杂,设置会计科目及账户就是根据会计对象具体内容的不同特点和经济管理的不同要求,选择一定的标准进行分类,并事先规定分类核算项目,在账簿中开设相应的账户,以取得所需要的核算指标。

正确、科学地设置会计科目及账户,细化会计对象,提供会计核算的具体内容,是满足经营管理需要,完成会计核算任务的基础。

2.复式记账

复式记账是指对每一项经济业务都要在两个或两个以上的相互联系的账户中进行登记的一种记账方法。复式记账一方面能全面地、系统地反映经济业务引起资金运动增减变化的来龙去脉;另一方面能通过账户之间的一种平衡关系,检查会计记录的准确性。例如,用银行存款6000元购买材料,采用复式记账法就要同时在"原材料"账户和"银行存款"账户分别反映材料增加了6000元,银行存款减少了6000元。这样就能在账户中全面核算并监督会计对象。

3.填制和审核凭证

各单位发生的任何会计事项都必须取得原始凭证,证明其经济业务的发生或完成。原始凭证要送交会计进行审核,审核其填制内容是否完备、手续是否齐全、业务的发生是否合理合法等,经审核无误后,才能编制记账凭证。记账凭证是记账的依据,原始凭证和记账凭证统称为会计凭证。审核和填制会计凭证是会计核算的一种专门方法,它能保证会计记录的完整、可靠,提高会计核算质量。

4.登记账簿

账簿是具有一定格式,是用来记载经济业务增减变动情况的簿籍。登记账簿就是根据会计凭证,采用复式记账法,把经济业务分门别类、内容连续地在有关账簿中进行登记的方法。借助账簿,就能将分散的经济业务进行分类汇总,系统地提供每一类经济活动的完整资料,了解一类或全部经济活动发展变化的全过程,更加适应经济管理的需要。账簿记录的各种数据资料,也是编制财务报表的重要依据。所以,登记账簿是会计核算的主要方法。

5.成本计算

成本计算是按照一定对象归集和分配生产经营过程中发生的各种费用,以便确定各对象的总成本和单位成本的一种专门方法。例如,工业企业要计算生产产品的成本,就要把企业进行生产活动所耗用的原材料,支付的工资,以及发生的制造费用等加以归集,并计算产品的总成本和单位成本。产品成本是综合反映企业生产经营活动的一项重要指标。正确地进行成本计算,可以考核生产经营过程的成本费用支出水平,同时又是确定企业盈亏和制定产品价格的基础,并为企业进行经营决策提供重要的成本数据。

6.财产清查

财产清查就是通过对各项财产物资、货币资金进行实物盘点,对往来款项进行核对,以查明实存数同账存数是否相符的一种专门方法。在财产清查中发现有财产、资金账面数额与实存数额不符的情况,应该立刻调整账簿记录,使账存数与实存数一致,并查明账实不符的原因,明确责任。通过财产清查,可以查明各项财产物资、债权债务、所有者权益的情况,可以促进企业加强物资管理,保证财产的完整,并能为编制会计报表提供真实、准确的资料。

7.编制会计报表

编制会计报表是根据账簿记录的数据资料,采用一定的表格形式,概括、综合地反映各单位在一定时期内经济活动过程和结果的一种方法。编制会计报表是对日常核算工作的总结,是在账簿记录基础上对会计核算资料的进一步加工整理。会计报表提供的资料是进行会计分析、会计检查的重要依据。

从填制会计凭证到登记账簿、编制出会计报表,一个会计期间(一般指一个月)的会计核算工作即告结束,然后按照上述程序进入新的会计期间,如此循环往复,持续不断地进行下去,这个过程也称为会计循环。上述会计核算的方法相互联系、密切配合,构成了一个完整的核算方法体系。这些方法相互配合运用的程序是:①经济业务发生后,取得和填制会计凭证。②按会计科目对经济业务进行分类核算,并运用复式记账法在有关会计账簿中进行登记。③对生产经营过程中各种费用进行成本计算。④对账簿记录通过财产清查加以核实,保证账实相符。⑤期末,根据账簿记录资料和其他资料,进行必要的加工计算,编制会计报表。

业务1-7　会计核算软件

一、会计核算软件概念与分类

会计核算软件指专门用于会计核算工作的电子计算机应用软件,包括采用各种计算机语言编制的用于会计核算工作的计算机程序。凡是具备相对独立完成会计数据输入、处理和输出功能模块的软件,如账务处理、固定资产核算、工资核算软件等,均可视为会计核算软件。不同软件公司开发的会计核算软件所包含的功能模块并不完全相同。会计核算软件以会计理论和会计方法为核心,以会计制度为依据,以计算机和通信技术为基础,以会计数据为处理对象,以提供会计信息为目标。

按照不同的分类标准,会计软件可以分为不同的类型:

(1)按使用范围划分。财务软件按使用范围可分为通用财务软件和专用财务软件两种。通用财务软件就是由专业软件公司研制,公开在市场上销售,能适应不同行业、不同单位会计核算与管理基本需要的财务软件;专用财务软件一般是指由使用单位自行开发或委托其他单位开发,供本单位使用的财务软件。目前,我国通用财务软件以商品化财务软件为主。

（2）按会计信息共享性划分。按照会计信息是否可共享的功能划分,财务软件可分为单用户财务软件和多用户财务软件。单用户财务软件生成的资料不能在计算机之间进行交换和共享。多用户财务软件是指在不同工作站或终端上的会计人员可以共享会计信息,通过各用户之间资料共享能够保证资料的一致性的软件。

二、会计云计算

会计云计算（Cloud Accounting）就是在线会计软件（Online Accounting Software）,区别于安装在一台电脑或局域网上的会计软件。会计云计算的主要特征就是云（Cloud）。所谓云,就是基于广域网（包括公共云 Public Cloud、私有云 Private Cloud 和混合云 Hybrid Cloud）的软件和服务平台。

会计云计算与传统会计软件两者都是会计软件,都是用来记账的工具。相比于传统会计软件,传统软件和云服务的区别主要有以下几点:

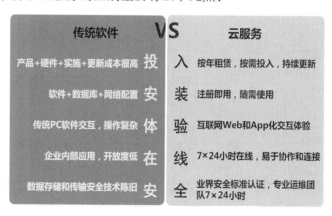

以金蝶精斗云云会计为例,基于云的会计系统的主要特征包括:

1. 简单高效

（1）免安装、免维护、自动升级,3 秒完成初始化,简单开始。

（2）兼容主流财务软件,财务数据一键导入,无须手工录入、无须 Excel 导入,简单高效。

（3）账簿、会计报表自动生成;一键结账,支持跨期反结账。

2. 智能凭证

（1）手机拍照,智能记账（只需填入金额即可生成凭证）;丰富的凭证模板,快速录入凭证。

（2）集成进销存,进销存单据直接生成会计凭证,采购、销售、税金、往来、成本核算即时完成,一体化操作高效省心。

（3）集成云报销,审批（付款申请单、报销单、借款单）、付款、银行日记账、记账凭证一气呵成,让工作更简单、高效。

3. 智能报表

（1）营业收入、利润、应收应付、费用统计等报表图形化展示,企业经营状况一目了然。

（2）报销、工资、销售费用等进行结构、趋势分析，实时了解费用构成和趋势，精细化企业管理。

（3）新三板对标分析，帮助企业优化财务指标，助力企业早日上市。

4.多端通用，随时随地记账

（1）无论何时何地，能上网就能记账（打开精斗云官网用自己的账号和密码登录做账）。

（2）多端集合，电脑、微信、APP随心选用。

（3）多人同时记账，高效协同，数据共享。

金蝶精斗云云会计是为小微企业量身定制的财务管理工具，适用于小微企业、代账从业人员的一款标准化财务记账管理工具，全面实现账、证、表等的会计业务处理。云会计软件包含账务处理、资产管理、出纳管理、工资管理等相关流程。

账务处理流程

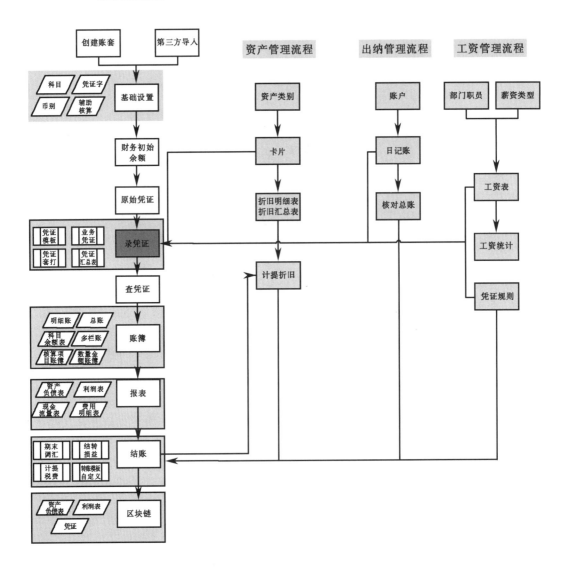

项目 2　建账与初始数据录入

━━━━━━━━━━━━━━ **学习目标** ━━━━━━━━━━━━━━

知识目标

（1）了解账套、用户的含义。

（2）掌握云会计建立账套流程。

（3）了解会计核算基础信息。

（4）掌握云会计基础信息资料设置流程。

（5）理解会计科目类别与明细科目。

（6）掌握期初数据录入流程。

能力目标

（1）能进行账套新建并启用。

（2）能熟练进行角色授权。

（3）能应用账套中基础设置和高级设置进行企业相关信息设置。

（4）能设置会计科目、凭证类别、币别。

（5）能处理辅助核算科目设置。

（6）能依据相关表格录入初始数据。

　　建账是至关重要的第一步,运用精斗云云会计进行建账首要核心任务是系统的初始化设置。系统初始化设置一般包含以下三个步骤:新建或启用账套、基础资料设置、初始化数据录入。本项目以该工作流程为主线对相关业务展开实训。

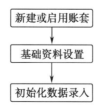

任务1 建立账套业务

【实训目的】

(1) 了解账套的含义。
(2) 理解记账本位币、会计制度的含义。
(3) 理解账簿和用户含义与关系。
(4) 掌握精斗云 V3 云会计新建账套的基本操作。

【经济业务】

➢ 业务 2-1 建立账套业务(1)

深圳市云商有限公司属于商业企业,公司地址为广东省深圳市南山区科技南十五路3号。主要从事电子产品、自动化设备、电气设备及原料等的销售,为增值税一般纳税人,其经济业务往来以人民币为主。公司组织架构如下:

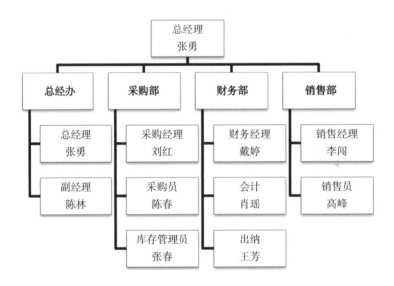

总经理张勇要求财务经理戴婷参照《小企业会计准则》,于 2019 年 1 月建立电算化会计系统。财务部在使用云会计分工如下:

员工	职责分工
财务经理戴婷	• 负责软件系统初始化设置工作,具有所有模块权限 • 负责软件日常运行管理工作 • 负责报表管理与分析等工作

续表

员工	职责分工
会计肖瑶	·负责原始凭证审核、管理 ·负责记账、凭证日常管理 ·负责账簿查询与管理
出纳王芳	·负责现金日记账、银行日记账等工作,具有出纳模板的全部操作权限

请以财务经理戴婷的身份进行建账,并依据财务部分工,开通不同用户账号,同时总经理张勇要求自己作为老板也可以进行查看所有业务数据。

【相关知识】

1. 账套

账套就是企业进行日常财务业务操作的对象和场所,它是用于储存企业凭证、账簿、报表、工资、固定资产、往来款等各项业务数据的一个数据库实体。企业日常业务的处理都是在账套中开始进行的,本书以精斗云 V3 建立账套,存放业务数据。

在建立账套中,公司要启用账套和该账套的用户数量。用户数量是表示可以同时进入一个账套操作的人员数量。例如,一家公司中出纳负责登记日记账、对账等,会计负责做凭证,会计主管负责审核,老板还可以查看报表账本。这样,就需要开通 1 账套 4 用户。

2. 记账本位币

记账本位币是指日常登记账簿时用以表示计量的货币。一般情况下,企业采用的记账本位币都是企业所在国使用的货币,记账本位币是与外币相对而言的,凡是记账本位币以外的货币都是外币。

《会计法》规定,会计核算以人民币为记账本位币。业务收支以人民币以外的货币为主的单位,可以选定其中一种货币作为记账本位币,但是编报的财务会计报告应当折算为人民币。

3. 会计制度

会计制度是对商业交易和财务往来在账簿中进行分类、登记、归总,并进行分析、核实和上报结果的制度,是进行会计工作所应遵循的规则、方法、程序的总称。

在新建账套时,根据企业的规模和性质等,选择相应的会计制度或准则。现阶段云会计支持《小企业会计准则》《新会计准则》《民间非营利组织会计制度》,创建账套界面如下:

4. 云会计系统启用

所谓新建账套，即新建一个新的数据库实体，用来存放日常操作数据、单据等业务处理。精斗云云会计采用云服务模式，部署和维护非常简单，无须安装维护，目前支持谷歌 Chrome 浏览器、IE10 以上浏览器、火狐浏览器、Apple Safari 浏览器。

在进行云会计系统启用的时候，除了本案例提到的新建账套外，结合具体使用情况，云会计还提供复制账套和导入第三方账套两种方式。

（1）复制账套。本案例采用了新建账套业务，在新建账套业务时，按照公司实际要求，参照不同会计制度下的科目表、利润表和资产负债表选择合适的会计制度。

（2）导入第三方账套。系统提供导入第三方软件数据的功能，支持 KIS、用友、速达等数据的导入。从以前使用的第三方软件中导入已经做账的数据并启用账套，继续做账。同时，可以利用金蝶友商外部数据交换工具将第三方软件的数据转化为标准格式（*.xml），选择相应会计制度或准则，然后导入文件。

（3）复制账套。如果同一个用户名下有多个云会计账套，可以选择复制源账套，再选择全账套复制，也可以依据工作实际需要，勾选需要复制的账套数据。

【任务实施】

业务 2-1　　建立账套业务(1)

步骤 1：登录 www.jdy.com 官网，点击"注册"，按照相关要求，输入手机号和验证码，同意条款并注册，注册后登录账号，选择"云会计"，即进入账号管理系统。

步骤 2:通过案例分析,深圳市云商企业有限公司本位币是人民币,启用账套时间是 2019 年 1 月,会计制度选择《小企业会计准则》。按照相关信息依次对公司名称、本位币、启用期间和会计制度等进行录入和创建。

公司名称:深圳市云商有限公司

本位币:RMB

启用期间:2019 年 1 月

会计制度:《小企业会计准则》(2013 年颁)

说明:

公司名称:一般使用全称。

本位币:记账本位币是指在日常登记账簿时用以表示计量的货币。我国《会计法》规定,会计核算以人民币为记账本位币。

启用期间:分为年初、年中启用。

会计制度:取决于企业的规模和性质等,选择适用《新企业会计准则》或《小企业会计准则》或《民间非营利组织会计制度》。

注:记账本位币、启用期间及会计制度进行设置,一经设置,一般情况下不能变更。如需更改,需再设置模块,选择重新初始化。

步骤3:账套授权。

账套名称一般是使用该账套的公司或单位名称,用于标识该账套所属的会计主体。一般来说,首次进入系统,在建账向导的带领下,第一步就是输入账套名称。账套名称在以后业务中如输出凭证、账簿、报表等业务资料时使用,所以此处建议输入单位全称,以防混淆不清。

一般来说一个企业拥有一份账套,在建立账套的同时,还需要确认可以同时进入本账套操作的人员,即用户数量。每个账套需开通多少用户,依据企业的实际情况而定。

在本实训案例中,以"深圳市云商有限公司"公司名进行建账之后,按照表格相关要求以及老板需要查看所有用户数据,需要1账套4用户。

关于账套授权,为方便用户操作,在账套首页和产品操作界面都有相应的入口。

路径一:

进入账套首页,如果是新版工作台界面如图所示,点击"设置",选择下面的"账套授权",进入账套授权界面。

在账套授权界面,选择相应的账套进行授权。

如果是旧版工作台,则如下图所示,右侧菜单栏在管理员专区中点击"账套授权",选择使用的账套,点击"授权"。

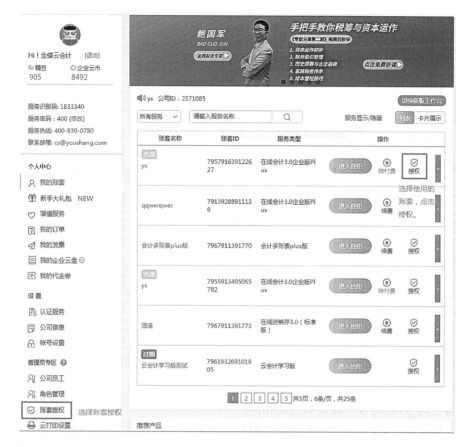

路径二:

进入账套首页,鼠标移到账套名称附近,显示编辑界面,点击"授权",进入授权界面,其余操作与路径一相同。

如果是会计多账套,进入账套首页,鼠标移到账套名称附近,显示编辑界面,点击"授权"进入授权界面,其余操作与路径一相同。

或者在右上方菜单栏,点击"设置"—"权限设置"。

进入授权界面之后,有"邀请外部协作者"和"邀请同事"两种,两者的含义如下:

(1)同事:指的是受邀人与发出邀请的人在实际工作中,所在的公司一致,同为公司员工。在实际操作中,可以登录精斗云官网,进入工作台—设置—用户资料—公司信息,查看所属公司号,公司号一致表示公司相同。

(2)外部协作者:指的是受邀人与发出邀请的人所在的公司不一致,各自归属不同的公司。如果被其他公司邀请时,他只有邀请人给他的账套权限,而本身不会改变公司的归属。可以理解为协助工作的第三方人员。

本实训案例是邀请同事进行账套授权,点击"授权→授权弹窗→邀请同事",输入被邀请人手机号或登录名,点击"查询"。

在邀请同事点击查询后,可能遇到以下四种情况,现针对每种情况进行说明:

(1) 受邀人未注册。查询到受邀人未注册,此时可以点击"注册"按钮进入注册页面,允许同一个手机号注册多个登录名,填写相关注册信息后,点击"邀请"按钮,新注册的这个手机号会收到带有登录账号和初始密码的短信,可直接登录精斗云官网。

注:如被邀请人未注册,点击"注册"按钮进入注册页面。

注:填写相关注册信息后,点击"邀请",新注册的手机号会收到带有登录账号和初始密码的短信。

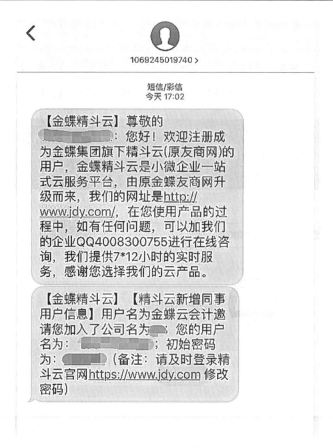

(2) 受邀人有登录名且只有一个。查询到受邀人有登录名且只有一个时,则显示受邀人信息,点击"发送邀请"按钮,该受邀人登录精斗云官网后,通过邀请函弹窗接受邀请后,如果受邀人名下有账套,则会进入移交账套的页面,移交账套后即可脱离旧公司并加入受邀人所在的公司;若无,则不需要移交账套操作。

注:输入被邀请人手机号,点击"查询",该被邀请人有且只有一个登录名,点击"发送邀请"。

（3）查询到受邀人有多个登录名（说明：精斗云官网可以用同一个手机号注册多个登录名），则显示登录名列表，选择其中一个登录名，点击"邀请"按钮，后面的操作与第（2）种情况一致。

（4）如果受邀人名下有新版代账管家、代账公司版账套或者具有其他管理员权限的账套时，则暂时无法接受邀请，在邀请函弹窗移交时会有相应提示。需将相关账套作出移交后，才可以接受邀请。

注：被邀请人名下有新版代账管家账套。

步骤4:角色管理。

对方接受邀请后,进入授权界面会显示相应名单。选择相对应登录名点击"启用",在角色中,系统依据中小型企业特点,已经预设老板、采购员、销售员、会计、出纳等角色。具体每个角色权限设置可以点击角色后的"权限"查看,或者在左侧菜单栏"管理员专区"中点击"角色管理"查看。在实际操作中可以依据实际情况选择相应角色。

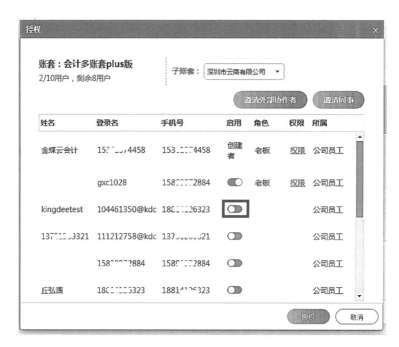

注:被邀请人接受邀请,会在授权界面有相应信息呈现,点击"启用"。

启用	角色	权限	所属
创建者	老板	权限	公司职员
			公司职员
	老板	选择相应角色,进行权限授权	公司职员
	会计		公司职员
	出纳		公司职员
			公司职员
			外部协作者
			外部协作者
			外部协作者
			公司职员

注:依据岗位职责,对被邀请人进行不同角色授权。

在对相应用户启用之后,账套用户数会作出相应统计。如上图所示在进行角色启用后,由原先"剩余9用户"变为"剩余8用户"后期如果员工离职或者换岗,可以直接在"授权"处直接关闭"启用"即可。

【任务评价】

工作任务序号	结果考核（40%）					过程考核（60%）								总分
	考核主体	实训成果	实训报告	成果汇报	合计	考核主体	职业态度	团队协作	工作质量	考勤纪律	小计	折合分值	合计	
具体工作任务	教师					教师70%								
						自评30%								
教师评价：						自我评价：								
签字： 时间：						签字： 时间：								

【拓展提升】

精斗云云会计 V3 账套授权外部协作者常见问题

Q：邀请用户作为外部协作者后，能否再邀请他为公司员工？

A：可以的。在公司员工—邀请同事页面，输入用户账号，走邀请同事流程即可。

Q：如何删除外部协作者？

A：目前只能取消外部协作者的账套权限，暂时不能删除外部协作者。外部协作者没有账套权限时是不影响业务的。

Q:同一个用户,可否被多个公司邀请为外部协作者?

A:可以。

Q:公司有且仅有一个人,并且有账套,被别人邀请,同意之后账套去哪里呢?

A:账套随着个人直接进入新公司,账套管理员还是原来的人。

Q:外部协作者是什么账号?

A:外部协作者必须是已经注册的账号,因为外部协作者和管理员不是同一个公司,如果邀请外部协作者时,没有注册的话,直接会邀请为公司员工。

Q:邀请同事中的接受邀请和接收短信分别是什么情况?

A:以 A 邀请 B 为例。

(1) 已经存在的被邀请人 B(即有精斗云账号或者友商账号),A 发送邀请之后,B 登录精斗云官网,点击接受邀请即可,公司信息为 A 的公司。

(2) 从来没有注册过精斗云的被邀请人 B,A 对他发送邀请后,B 的手机会收到一条短信,包含用户名、密码,直接登录精斗云即可,公司信息也会变为 A 的公司。

任务 2　基础资料设置业务

【实训目的】

(1) 了解凭证字、科目、币别、辅助核算等的含义。

(2) 理解凭证模板、套打模板、操作日志的含义。

(3) 理解系统参数、权限设置、备份与恢复等的内涵与操作。

(4) 掌握精斗云 V3 云会计基础设置和高级设置的基本操作。

【经济业务】

➤ *业务 2-2　科目新增*

公司在中国工商银行、交通银行和中国银行分别办理了银行存款业务,需按照实际情况设置银行存款科目的明细科目。

➤ *业务 2-3　币别新增*

由于在对外贸易中涉及美元业务,为保障业务核算更准确,需按照美元记录部分业务数据(美元币别代码:USD,汇率:6.31)。

在中国工商银行开设了美元银行账户。在启用云会计系统当月,美元银行账户期初余额为 1000 美元。

(1) 请在中国工商银行科目下新增币别核算美元。

(2) 请录入中国工商银行存款期初原币金额：1000 美元。

> 业务 2-4 辅助核算新增

库存商品分为 A 商品、B 商品、C 商品。为了清晰记录产成品库存情况，公司需按照不同产品类别在库存商品中设立辅助核算项目(单位:件，A 商品、B 商品、C 商品的编码依次为 01、02、03)。请在云会计中对库存商品科目增加辅助核算(存货类别)和数量辅助核算，其中数量核算单位为件。

请登录云会计，完成相应操作。

【相关知识】

系统设置是在系统中使用的各种公用信息基本资料的设置。包括用户在录入凭证或者录入单据时，需要输入的财务和业务资料信息，如科目、币别、辅助核算等信息。对于这些经常使用的基础数据，为了便于进行统一的设置与管理，在云会计提供了基础资料管理设置功能。

现对精斗云云会计中设置模块中的基础设置和高级设置进行相关说明。

基础设置	高级设置
·科目	·系统参数
·凭证字	·权限设置
·币别	·备份与恢复
·辅助核算	·重新初始化
·财务初始余额	·增值服务
·关联进销存	·凭证模板
	·套打模板
	·操作日志
	·区块链

一、基础设置

1. 科目

科目是对会计对象具体内容进行分类核算的项目。科目归纳为资产、负债、共同、权益、成本、损益等类别(共同类只适用于新会计准则)。

在会计科目设置中包含以下内容:

(1) 科目编码。科目编码应是科目全编码，即从一级科目至本级科目的各级科目编码组合。其中，各级科目编码必须唯一，且必须按其级次的先后次序建立，即先有上级科目，然后才能建立下级明细科目。科目编码中的一级科目编码必须符合现行的会计制度。在云会计系统建立账套时，依据相关会计准则，系统提供相应的会计科目编码。在实际运用中可以依据具体业务情景进行调整。

（2）科目级次与级长：在系统参数中可以修改科目级次，如把4-2-2-2改为4-3-3-3的科目级次。科目级次可由小改大，但不可以由大改小，如不可以由4-3-3-3改为4-2-2-2。级次是指编码共分几级，级长是指每级编码的位数。如科目编码级次：4222表示一级科目代码4位数，二级明细科目代码2位数，三级明细科目代码2位数，四级明细科目代码2位数。在实际使用过程中，级长可以增加不可减少。系统最多支持9级，每级最长支持5位。

（3）科目名称。科目名称是指本级科目名称，通常分为科目中文名称和科目英文名称。目前，系统的科目名称支持中文、英文、数字、特殊符号。

（4）科目类型：科目类型是指会计制度中规定的科目类型，一般分为资产、负债、所有者权益、成本、损益。具体有如下类别：

√流动资产   √其他收益

√非流动资产   √期间费用

√流动负债   √其他损失

√非流动负债   √营业成本及税金

√所有者权益   √以前年度损益调整

√成本   √所得税

√营业收入

（5）余额方向（科目性质）。增加记借方的科目，科目性质为借方；增加记贷方的科目，科目性质为贷方。一般情况下，只能在一级科目设置科目性质，下级科目的科目性质与其一级科目的相同。已有数据的科目不能再修改科目性质。

（6）辅助核算。也称辅助账类。用于说明本科目是否有其他核算要求，系统除完成一般的总账、明细账核算外，还提供部门核算、职员往来核算、客户往来核算、供应商往来核算、项目核算、存货核算六种专项核算功能供选用，也可依据实际业务需求，新增核算分类。

系统启用时，已根据设置的会计制度预先设定配套的科目。尽管这些科目已经能满足大部分中小企业财务记账的需求，但还可以根据企业自身的需要对科目进行维护。科目维护主要包括新增、修改、删除和导出。可以通过增加明细科目来更全面、细致地反映企业的经济活动。

> **说明：**
> 尽量不要随意增减一级科目，因为报表公式是预设好的，增加一级科目后一定要相应地修改报表公式，否则会影响到报表数据。在资产负债表、利润表对应的科目中进行编辑修改相关公式。

编辑科目的具体操作：

在系统主界面，点击"设置"，选择"科目"，进入"科目"页面。

（1）新增科目。

［科目编码］：根据页面提示的科目编码结构（如 4 - 2 - 2 - 2）输入。

［科目名称］：手工输入。

［科目类别］：选择科目所属的类别。

［余额方向］：选择科目的余额方向。

［辅助核算］：选择科目的辅助核算项目。

［数量核算］：选择是否进行数量核算，可设置计量单位。参与数量金额核算的存货类科目的计量单位，如果存货已经设置单位，数量金额核算时，按存货单位计算；否则以此计量单位计算。

［外币核算］：选择科目是否进行外币核算，只有设置了外币核算后，才可以选择是否期末调汇。

说明：

　　点击科目列表中 **＋** 图标即可新增下级科目，如果上级科目已经发生业务，新增下级科目时，上级科目的业务数据将转移到下级科目上，该操作不可逆。另外，已经发生业务的科目不能设置辅助核算项目。

（2）修改科目。点击科目列表中的"✎"图标，修改科目的相关信息，点击确定后保存。其中明细科目的类别必须与上级科目的类别一致，不允许修改。注意：如果已使用过的明细科目，科目类别不允许修改。

（3）删除科目。在科目列表中，单击待删除科目前面的 × 图标，弹出"确认删除"对话框，点击"确定"即可。也可以通过选中待删除科目记录前的复选框"□"，点击"删除"按钮实现批量删除科目。

已经发生业务的科目不能被删除。在科目列表有状态条，科目状态有"已启用"和"已禁用"之分，默认状态是"已启用"。当点击"已启用"，该状态切换为灰色状态"已禁用"，此时该科目未启用状态。如果要重新启用该科目，则再次点击"已禁用"，将状态切换为"已启用"即可。如图所示。

□	操作	编码	名称	类别	余额方向	状态
□	＋ ✎ ×	1001	库存现金	流动资产	借	已启用
□	＋ ✎ ×	1002	银行存款	流动资产	借	已启用
□	＋ ✎ ×	1012	其他货币资金	流动资产	借	已启用
□	＋ ✎ ×	1101	短期投资	流动资产	借	已禁用
□	＋ ✎ ×	110101	股票	流动资产	借	已禁用
□	＋ ✎ ×	110102	债券	流动资产	借	已禁用
□	＋ ✎ ×	110103	基金	流动资产	借	已禁用
□	＋ ✎ ×	110110	其他	流动资产	借	已禁用
□	＋ ✎ ×	1121	应收票据	流动资产	借	已启用
□	＋ ✎ ×	1122	应收账款	流动资产	借	已启用

注意：如禁用上级科目，则该科目下属所有明细科目默认全部禁用。如重启用上级科目，则该科目下属明细科目仍为"已禁用"状态，需手动重启要使用的明细科目。

（4）导出科目。在科目列表页面的右上方点击"导出"按钮，系统提供以 Excel 格式下载科目列表。

（5）导入科目。第一种方式：在科目列表页面右上方点击"导入"按钮，根据提示下载统一的 Excel 模板。通过在模板中按相应的格式填写业务数据，再导入系统即可。

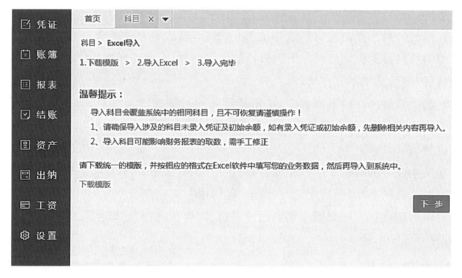

第二种方式：在系统启用时，通过复制账套，在复制账套数据时勾选所需要的科目表即可。

2.凭证字

凭证字是财务软件中使用的名词之一。凭证字包括收、付、转、记。其中"记账凭证"的凭证字就是"记"。"记"是通用凭证，适用于"收、付、转"这三种凭证字。企业根据实际情况既可以选用全部为"记"字凭证，也可以选择"收、付、转"字凭证。

系统提供预设凭证字的功能，方便您在新增凭证时，选择与之对应的凭证字。维护凭证字主要包括新增、修改和删除凭证字。系统设置有默认的凭证字，此项非必须设置项，可以根据自身管理需要选择设置。

在系统主界面，点击"设置"，选择"凭证字"，进入"凭证字"页面。

3. 币别

记账本位币是指企业在会计核算中统一使用的记账货币。一个企业只能以一种货币作为记账本位币。会计主体确定记账本位币后,其他的币种均为非记账本位币,即会计概念上的外币。在一般情况下,企业采用的记账本位币都是企业所在国使用的货币。

我国《会计法》规定,会计核算以人民币为记账本位币。业务收支以人民币以外的货币为主的单位,可以选定其中一种货币作为记账本位币,但是编报的财务会计报告应当折算为人民币。

企业在对外贸易中,往往会涉及外币业务,按不同的币别记录业务数据,可以使得业务核算更为准确。在系统启用时,已经设定好记账本位币。如果需要处理外币业务,则需要增加其他币别,并维护其汇率。汇率是指不同货币之间的兑换比率,目的在于解决不同货币关于价值度量的问题。

原币是相对本位币来说,除本国以外的外币称为原币。一般情况下,国内的外资企业在向国内政府机构上报统计报表的时候,都要换算成本位币的报表。系统启用后,本位币和已发生业务的币别都不能被删除。

注:原币×汇率＝本位币

在系统主界面,点击“设置”,选择“币别”,进入“币别”页面。

4. 辅助核算

辅助核算是对账务处理的一种补充,以适应企业更广泛的账务处理需求。在金蝶精斗云云会计中,核算项目是指操作相同、作用类似的一类基础数据的统称。

系统默认的辅助核算项目包括客户、供应商、职员、项目、部门和存货,您可以根据公司的需要新增分类。点击任一辅助核算项目(如客户),可以新增具体的核算项目。辅助核算提供“导入”和“导出”功能,可以通过下载导入模板,批量编辑后导入。也可以通过“导出”功能将本账套的核算项目内容导成 Excel 表格,复制至另一个账套,实现账套之间数据传递。

在系统主界面,点击“设置”,选择“辅助核算”,进入“辅助核算”页面。

点击具体辅助核算类别进入,通过操作菜单栏进行修改编辑。对于已发生业务但不再使用的核算项目,可通过点击"已启用"状态进行禁用。

通过右上角"新增"按钮进行添加,通过"更多"进行导入、导出操作。

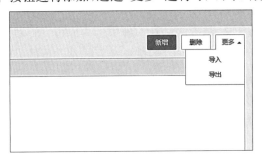

5.财务初始余额

当财务科目定义完成后,需要根据企业当前的财务状况设置一些科目的初始余额,以便后续进行账务处理。财务初始余额包括初始余额维护、试算平衡检查和导入导出。

（1）财务初始余额维护。在系统主界面点击"设置",选择"财务初始余额",进入"财务初始余额"编辑页面。

科目编码	科目名称	方向	期初余额
1001	库存现金	借	
1002	银行存款	借	
1012	其他货币资金	借	
1101	短期投资	借	
110101	股票	借	
110102	债券	借	
110103	基金	借	
110110	其他	借	
1121	应收票据	借	
1122	应收账款	借	
1123	预付账款	借	
1131	应收股利	借	
1132	应收利息	借	
1221	其他应收款	借	

年初启用账套只需要录入期初余额数据(即上一年年末余额数据),在录入完成后,点击"保存"即可。

年中启用账套(除 1 月外的其他月份),需要录入期初余额(即启用账套期间的上期期末数),本年累计借方和本年累计贷方数据,系统会倒算出年初数,在资产负债表里可体现。年中启用账套,损益类科目需要输入实际损益发生额,以保证利润表取数正确,录完数据后点击"保存"。

(2) 试算平衡检查。在财务初始余额页面,如果有涉及外币数据金额录入,需先将币别选为综合本位币状态下,再单击"试算平衡",弹出"试算平衡检查"页面,会显示出试算平衡检查结果:"平衡"或"不平衡"。

(3) 导入导出财务初始余额。在导入操作界面,可以下载统一的模板,并按相应的格式在 Excel 软件中填写您的业务数据,然后再导入系统中。同时,也可以把财务初始余额导出。

注意:只有账套在启用期间,财务初始余额界面才会显示【保存】和【导入】。

在"更多"选项中可以选择导入或者导出,按照相应操作提示,进行财务初始余额表的导入和导出操作。

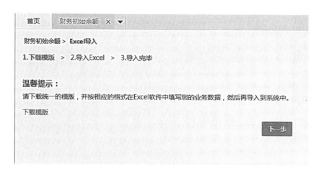

6.关联进销存

为达到财务业务一体化,金蝶精斗云云会计软件可以关联进销存软件。两者关联之后,进销存单据直接生成会计凭证,采购、销售、往来、成本核算即时完成,一体化操作高效省心。

在系统使用中,企业可依据业务需求进行设置。有操作权限的进销存账套都可以建立关联,一个进销存账套仅能与一个会计账套关联。

【拓展知识】

云会计关联云进销存操作步骤:

(1)关联进销存账套。点击"设置",选择"关联进销存"进入设置界面。单击状态栏"未关联",则系统自动关联上该进销存账套。

	服务编号	账套名称	状态
1	7967911391773	逍遥	未关联
2	79619215976362	aa	未关联
3	79619358999597	11	未关联
4	796192809132174	12	未关联

(2)设置进销存参数。当云会计关联上云进销存账套后,系统自动跳转到主界面,这时主界面自动显示进销存模块。

点击"设置"进入进销存核算参数界面,检查参数及默认科目设置是否合理。

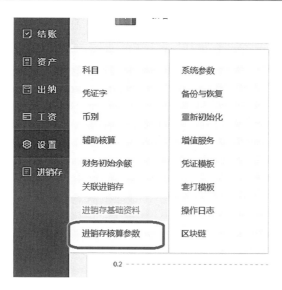

（3）维护进销存基础资料。点击"设置"进入进销存基础资料。主要用于指定"客户、供应商、存货、账户及其他收支"等基础资料生成凭证时的对应科目。其中对"客户、供应商、存货"项目关联的会计科目如果是按辅助核算方法设置的，则只需要指定末级会计科目；在生成凭证时系统会在选择对应科目后自动获取对应的辅助核算项目来匹配，如无法匹配系统会自动添加对应项目。

二、高级设置

1. 系统参数

系统参数主要是完成系统相关控制选项的设置，包括科目编码规则、余额方向、开票信息等。系统参数的每个选项值都将在系统启用后被携带，因此请仔细确认各系统参数的设置是否符合公司的实际要求，以免因修改某个参数设置而影响整个系统。

在系统主界面，点击"设置→系统参数"，进入"系统参数"页面，可以对"科目参数""账簿"进行修改。科目参数应根据公司的需要进行设置。科目级次和长度一经调大后就不能再调小,请谨慎操作。

公司名称的修改,在单账套和多账套版本中的具体操作如下:

（1）如果是云会计单账套版本,则在"设置→系统参数",基础参数中公司名称为可编写状态,直接修改后保存即可。

注意:修改此处的公司名称将直接改变账套名称。

（2）如果是云会计多账套版本,则在"设置→系统参数",基础参数中公司名称为不可编写状态,需在多账套首页进行编辑。

进入云会计多账套首页,鼠标移动到账套名称上,点击右上角的编辑按钮,系统弹出"修改客户"窗口。

在"修改客户"界面上,可对客户名称、客户编码依据企业实际情况进行相应的修改。

2.权限设置

管理员在创建完成用户账号后,需要赋予该用户一定的操作权限。具备操作权限的用户才能登录系统执行其权限范围内的操作。通过此项任务,您可以赋予或取消用户的操作权限。

第一种情况:如果是云会计单账套版本,则在系统主界面点击"设置→权限设置",进入权限设置"授权"页面。

　　在授权界面,依据企业实际情况,可以点击"邀请同事"或者"邀请外部协作者"按钮,进行相应角色的授权。

　　第二种情况:如果是云会计多账套版本,则需要在多账套版本首页进行授权设置。或者点首页右上角的菜单栏"设置→权限设置"。

　　系统弹出权限界面,选择相应的账套名进行授权。

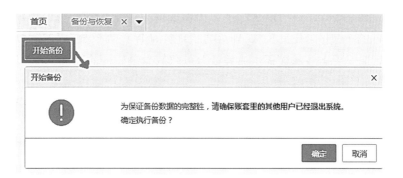

3.备份与恢复

操作软件时,为了防止数据出错,笔者建议随时备份数据。金蝶精斗云"备份与恢复"功能可以对系统当前的数据进行备份,在需要恢复到当前状态的情况下,只需设置和当前账套相同的会计制度和启用期间,即可完成恢复。

在系统主界面,点击"设置→备份与恢复→开始备份",系统会弹出提示,在确保账套里的其他用户已经退出系统的情况下,点击"确定"进行备份。

在数据备份记录中,备份数据显示备份名称、备份时间、文件大小,并提供"恢复、删除、重命名"操作。待需要恢复备份文件时,点击"设置→备份与恢复",选择对应的备份数据记录,点击"恢复"即可。

4.重新初始化

系统提供重新初始化功能,点击"重新初始化",将会弹出"系统提示"对话框,提示重新初始化系统将会清空你所有录入的数据。如果确定清楚,可以勾选复选框后,点击"重新初始化"。

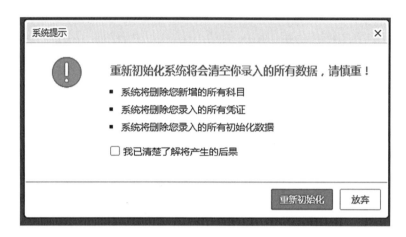

5.增值服务

系统对付费客户提供增值服务,包括产品培训、上门实施、远程培训等。

6.凭证模板

为了提高凭证录入速度,可以将经常使用的凭证类型保存为凭证模板以供调用。通过"录凭证→更多→保存为凭证模板"即可将当前凭证保存为模板,以便后续录入凭证时直接点击"录凭证→更多→从模板生成凭证",可以减少录凭证的工作量。

7. 套打模板

套打模板模块提供了账簿和凭证的套打模板可以依据实际使用情况设置模板是否为默认模板。系统提供模板下载及导入功能。

名称	类别	模板类型	默认模版	操作
A4横向打印	凭证	系统模	否	✎ ⬇
友商在线记账凭证模板记账凭证模板(210mm×95mm)	凭证	系统模	否	✎ ⬇
通用模板(适用240*140 240*120 210*120 210*140的空白纸)	凭证	系统模	否	✎ ⬇
金蝶记账凭证(210mm×140mm)	凭证	系统模	是	✎ ⬇
金蝶配套数量/外币记账凭证模板(KP-J104-激光/喷墨240mm×14	凭证	系统模	否	✎ ⬇
金蝶配套数量/外币记账凭证模板(激光/喷墨210mm×140mm)	凭证	系统模	否	✎ ⬇
金蝶配套数量_外币记账凭证模板(激光_喷墨240mm×120mm)	凭证	系统模	否	✎ ⬇
金蝶配套金额记账凭证模板(KP-J103-深圳版-激光/喷墨240mm×	凭证	系统模	否	✎ ⬇
金蝶配套金额记账凭证模板(激光/喷墨240mm×120mm)	凭证	系统模	否	✎ ⬇
金蝶配套金额记账凭证模板(激光_喷墨210mm_140mm)	凭证	系统模	否	✎ ⬇
金蝶配套金额记账凭证模板(激光_喷墨240mm×140mm)	凭证	系统模	否	✎ ⬇
友商网在线明细账模板(297mm×210mm)	明细账	系统模	是	✎ ⬇
金蝶配套明细账模板(激光_喷墨297mm×210mm)	明细账	系统模	否	✎ ⬇
友商网在线总分类账模板(297mm×210mm)	总账	系统模	是	✎ ⬇
金蝶配套总分类账模板(激光_喷墨297mm×210mm)	总账	系统模	否	✎ ⬇

8. 操作日志

在操作日志中设置查询条件,可快速查询符合条件的操作。系统还提供操作日志打印及导出功能。

| 首页 | 操作日志 × ▼ |

| 2019-07-01 📅 - 2019-07-05 📅 | 所有用户 ▾ | 所有操作 ▾ | 请输入日志内容 |

日期	用户名	姓名	
2019-07-05 11:26:21	15361574458	金蝶云会计	备份
2019-07-05 11:13:45	15361574458	金蝶云会计	登录
2019-07-05 11:03:56	15361574458	金蝶云会计	登录
2019-07-05 10:55:12	15361574458	金蝶云会计	登录
2019-07-05 10:49:05	15361574458	金蝶云会计	登录

9. 区块链

区块链是一种按照时间顺序将数据区块以顺序相连的方式组合成的一种链式数据结构,并以密码学方式保证的不可篡改和不可伪造的分布式账本,利用密码学的方式保证数据传输和访问的安全,它本质上是一个去中心化的数据库。

在系统设置中,同意凭证、报表数据上区块链,系统会对数据进行加密存储,上链后有助于企业征信贷款。如用户不想上链,在系统参数设置中不勾选该参数即可。

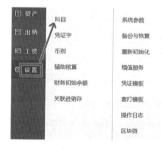

基础参数

公司名称　深圳市云商有限公司

本位币　RMB

启用期间　2019　年　5　期

会计制度　小企业会计准则（2013年版）　切换到：新会计准则（2006年版）

科目参数

科目级次　4　⚠ 科目级次和长度调大后，不能再调小（即：不能再恢复到调整前的级次和...

编码长度　4 - 2 - 2 - 2

账簿

☑ 账簿余额方向与科目方向相同

☐ 现金、银行存款科目赤字检查

开票信息

纳税人名称

纳税人识别号

区块链

☐ 同意凭证、报表数据上区块链（数据加密存储，上链后有助于企业征信贷款）

保存

【任务实施】

业务2-2　新增科目

　　会计科目是对会计要素具体内容进行分类核算的项目，是进行会计核算和提供会计信息的基础。

　　会计科目的一级科目设置必须符合会计制度的规定，明细科目可以根据其单位的会计核算情况自行设置。

案例

　　公司在中国工商银行、交通银行和中国银行分别办理了银行存款业务，需按照实际情况设置银行存款科目的明细科目。

要点

　　在一级科目"银行存款"新增二级科目：中国工商银行、交通银行、中国银行。

　　步骤1：在左侧菜单栏点击"设置—科目"，进入科目编辑界面。

🗃 资产	科目	系统参数
🗂 出纳		备份与恢复
🗓 工资	凭证字	重新初始化
⚙ 设置	币别	增值服务
	辅助核算	凭证模板
	财务初始余额	套打模板
	关联进销存	操作日志
		区块链

步骤 2:点击一级科目"银行存款"前边的"＋"号,界面会出现弹窗"新增下级科目"。

	操作	编码	名称	类别
□	＋ ✎ ✕	1001	库存现金	流动资产
□	＋ ✎ ✕	1002	银行存款	流动资产
□	＋ ✎ ✕	100201	工商银行	流动资产
□	＋ ✎ ✕	100202	中国银行	流动资产
□	＋ ✎ ✕	1012	其他货币资金	流动资产
□	＋ ✎ ✕	1101	短期投资	流动资产
□	＋ ✎ ✕	110101	股票	流动资产
□	＋ ✎ ✕	110102	债券	流动资产

类别　资产　负债　权益　成本　损益　科目设置流程

步骤 3:在"新增下级科目"界面,按照实训要求依次输入二级科目名称等内容,并点击"保存"。

新增下级科目

科目编码　100203
科目名称　交通银行
上级科目　1002 银行存款
科目类别　流动资产
余额方向　●借 ○贷
□辅助核算
□数量核算
□外币核算

保存　关闭

业务 2-3　币别新增

案例

由于在对外贸易中涉及美元业务,为保障业务核算更准确,需按照美元记录部分业务数据(美元币别代码:USD,汇率:6.31)。

在中国工商银行开设了美元银行账户。在启用云会计系统当月,美元银行账户期初余额为 1000 美元。

(1) 请在工商银行科目下新增币别核算美元。

(2) 请录入中国工商银行存款期初原币金额:1000 美元。

要点

在系统设置中币别模块,可以依据企业业务需要增加相应币别。之后,在相应科目中,可以依据需要设置币别核算。

币别是针对涉外企业在经营活动中所涉及的币种进行管理。在精斗云云会计中,币别编码是指货币币别的代码,建议使用一般惯例编码,如 RMB、HKD、USD。币别汇率是指财务初始余额的汇率。

步骤1:在左侧菜单栏点击"设置—币别",在右上角点击"新增",界面会出现"新增币别"窗口。

步骤2:在新增币别弹窗中按照实训要求依次输入编码、币别、汇率等内容,并点击"保存"。

步骤3:在左侧菜单栏点击"设置—科目",选择银行存款下的明细科目"工商银行",增加外币核算。

注:在外币核算中可以选择单一币别核算或者多种币别综合核算。

若勾选"期末调汇",在期末结账系统可以自动生成调汇凭证。期末调汇是指期末终了时,应当将外币账户的期末余额以期末汇率进行折算,折算金额与账面金额之间的差额,就是汇兑损益。只有科目进行了外币核算,此选项才可用。

业务 2-4　辅助核算新增

案例

库存商品分为 A 商品、B 商品、C 商品。为了清晰记录产成品库存情况,公司需按照不同产品类别在库存商品中设立辅助核算项目(单位:件,A 商品、B 商品、C 商品编码依次为 01、02、03)。请在云会计中对库存商品科目增加辅助核算(存货类别)和数量辅助核算,其中数量核算单位为件。

要点

在系统设置中辅助核算模块,可依据企业业务需要,增加相应辅助核算和数量核算。一个科目可以设置多类别辅助核算。

步骤 1:在左侧菜单栏点击"设置—辅助核算",进入辅助核算界面。

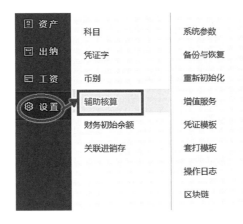

在辅助核算界面,点击"存货",进入存货界面,点击"新增"。

步骤 2:在“新增存货”弹窗中按照实训要求依次输入编码、名称、单位等内容,并点击“保存”。

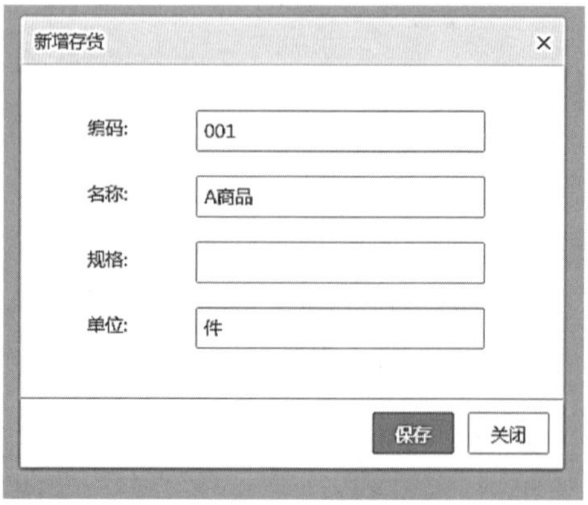

注:保存后,存货界面如下图所示,后期如需修改,点击“ ✎ ”,可进行编辑、修改。

☐	编码	名称	规格	单位	状态	操作
☐	01	A商品		件	已启用	✎ ✕
☐	02	B商品		件	已启用	✎ ✕
☐	03	C商品		件	已启用	✎ ✕

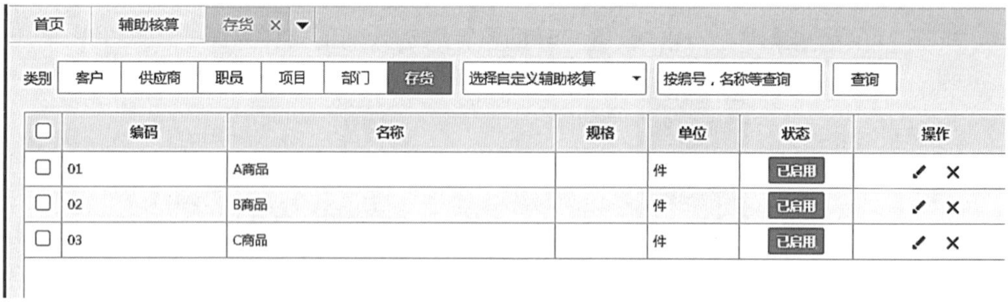

步骤 3:辅助核算科目设置。

此设置需要对已有科目进行修改,在设置模块,选择“科目”,进入科目界面,选择“库存商品”科目前的“ ✎ ”图标,进入“编辑科目”界面,然后依次勾选“辅助核算”“存货”,点击“确定”,保存成功。

☐	操作	编码	名称	类别	余额方向
☐	+ ✎ ✕	122101	代收社保费	流动资产	借
☐	+ ✎ ✕	122102	代收住房公积金	流动资产	借
☐	+ ✎ ✕	1401	材料采购	流动资产	借
☐	+ ✎ ✕	1402	在途物资	流动资产	借
☐	+ ✎ ✕	140201	包装物	流动资产	借
☐	+ ✎ ✕	1403	原材料	流动资产	借
☐	+ ✎ ✕	1404	材料成本差异	流动资产	借
☐	+ ✎ ✕	1405	库存商品	流动资产	借
☐	+ ✎ ✕	1407	商品进销差价	流动资产	借

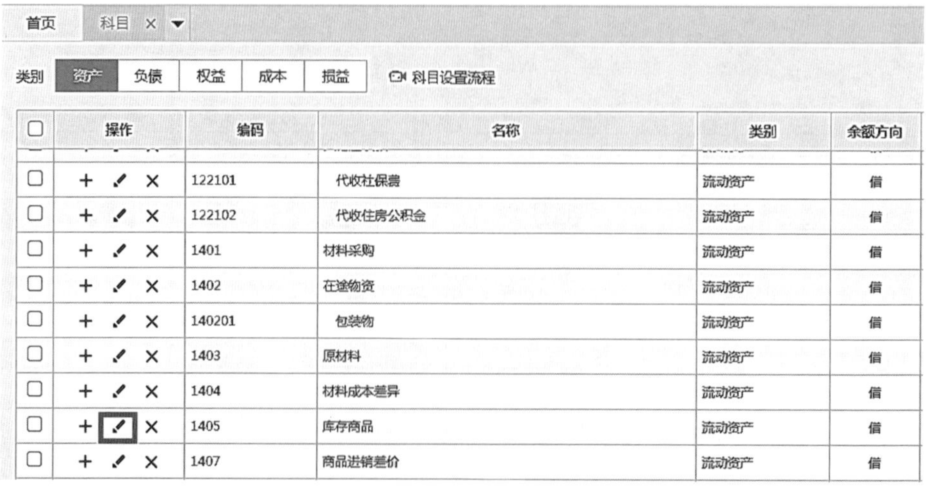

【任务评价】

工作任务序号	结果考核(40%)					过程考核(60%)								总分
	考核主体	实训成果	实训报告	成果汇报	合计	考核主体	职业态度	团队协作	工作质量	考勤纪律	小计	折合分值	合计	
具体工作任务	教师					教师70%								
						自评30%								
教师评价：　　　　　　　　　　　签字：　　　时间：						自我评价：　　　　　　　　　　　　签字：　　　时间：								

【拓展提升】

云会计数据安全保障

金蝶精斗云云会计从技术、服务规范流程、安全认证、网络环境、法律等各个方面进行了细致而周密的设计,并严格执行,以打造一个全方位的安全保障体系。

网站安全:以用户数据高安全、可用为目的,采用完善、成熟的网络架构,严格的安全设计,对网络、关键应用采取了多级容灾、冗余方案;采用国内电信级 IDC 机房,配备完整的制冷、防尘、双路供电、消防系统,保证服务可用性达到 99.9%;与国内顶级信息安全咨询公司合作,定期对网站进行安全加固、咨询、培训服务,确保网站尽可能安全可靠;所有涉及用户机密数据全部采用不可逆加密算法密文存储,确保原始数据安全。

登录安全:提供了用户密码等级、验证码机制,确保用户密码安全,同时正有计划地实施 Usbkey 等银行级信息安全认证系统。

传输安全:用户重要、敏感信息在互联网的传送采用 SSL 加密传输,防止信息被非法窃听和使用。

数据可靠性:数据库采用双机冗余热备方案,并定期备份至异地服务器,确保用户数据安全可靠。

防止数据泄密:严格遵循国内信息等级标准,对用户数据的访问采用严格的授权策略,任何人无用户授权禁止任何用户私有数据的浏览。

任务 3　年初账套启用初始数据录入业务

【实训目的】

(1) 了解财务初始余额录入常见情况。

(2) 熟练掌握科目余额表中科目、明细科目等设置与分类。

(3) 依据企业实际资料,完成新建账套和初始数据录入的基本操作。

【经济业务】

➢ **业务 2-5　建立账套业务(2)**

依据所给企业基本资料进行建账。

➢ **业务 2-6　年初账套启用初始数据录入业务**

依据科目期初余额表完成初始数据录入。

【实训资料】

1. 企业基本资料

新阳光公司为商业企业,自 2019 年 1 月 1 日起实行会计电算化。

账套名称:新阳光＋本人姓名＋公司

会计制度或准则:《小企业会计准则》(2013 年颁)

记账本位币:人民币

会计科目设四级,科目编码结构 4-2-2-2(系统默认)。

记账凭证只设通用记账凭证一种,凭证字为"记"字。

增加币别:代码:USD;币别名称:美元,期初汇率为 8.0。

2.科目期初余额表

科目代码	会计科目	期初借方余额	期初贷方余额
1002	中国银行存款	423000	
100201	工商银行	335000	
100202	中国银行	88000	
1122	应收账款	22000	
1405	库存商品	78000	
2202	应付账款		150000
2211	应付职工薪酬		50000
3001	实收资本		100000
3104	利润分配		223000
310415	未分配利润		223000
合计		523000	523000

【相关知识】

1.科目余额表

科目余额表是对查询期范围内所有发生业务的科目金额进行汇总,包括此期间范围内的期初余额、本期发生额、本期累计发生额和期末余额。

为了保证业务处理的连续性,初次使用金蝶精斗云系统时,应将经过整理的账套启用日期前一个月的科目余额录入本系统,以此为起点继续未来的业务处理。

2.财务初始余额

一般来说,财务初始余额是根据科目余额汇总表录入的。科目余额表内容一般是通过盘点核查得出。科目余额汇总表亦称"总账余额汇总表",它是按照总账科目余额编制的。总账科目余额就是在总账的一级科目的余额,如现金科目,就是现金科目的余额。每个总账科目,凡使用的都会有科目余额,这个余额要与该科目的明细账的余额之和一致。在期初数据准备时,一般是按照资产类、负债类、所有者权益类、成本类、损益类五大科目准备的相关数据。

财务初始余额的录入,一般分为以下三种情况:

(1) 新公司没有产生任何业务:不需要填入初始余额,直接启用账套即可。

(2) 年初启用账套,即账套启用期间为第 1 期,只需要录入每个科目上一年度年末余额即可。

（3）年中启用账套，即账套启用期间为 2～12 期，需要填入期初余额、累计借方、累计贷方、实际损益类发生额。

例如，在 2017 年 7 月启用账套。

累计借方指的是 2017 年 1～6 月借方累计数。

累计贷方指的是 2017 年 1～6 月贷方累计数。

期初余额指的是 2017 年 6 月的期末数。

本年累计损益实际发生额指的是利润表中 2017 年 1～6 月的累计数。

3. 会计科目的级别

明细科目也称明细分类科目，它是对总分类科目作进一步分类、提供更详细更具体的会计信息科目，是对总分类科目的具体化和详细说明。如管理费用包含招待费、差旅费、办公费、工会经费等，二级科目和三级科目等均称为明细分类科目。

会计科目是相互联系、相互补充，组成一个完整的会计科目体系。通过会计科目，可以全面、系统、分类地反映和监督会计要素的增减变动情况及其结果，为经营管理提供所需要的一系列核算指标。根据经济管理的要求，既需要设置提供总括核算指标的总账科目，又需要设置提供详细核算资料的二级明细科目和三级明细科目。

（1）总账科目又称总分类会计科目、一级科目，是对会计要素的具体内容进行总括分类的会计科目，是进行总分类核算的依据。为了满足会计信息使用者对信息质量的要求，总账科目是由财政部《企业会计准则——应用指南》统一规定的。一级会计科目包括资产类、负债类、所有者权益类、成本类、损益类科目。

（2）明细科目。明细科目也称为明细分类会计科目、细目，是在总账科目的基础上，对总账科目所反映的经济内容进行进一步详细的分类的会计科目，以提供更详细、更具体的会计信息科目。比如管理费用包含招待费、差旅费、办公费、工会经费等，二级科目和三级科目等均称为明细分类科目。

明细科目的设置，除了要符合财政部统一规定外，一般根据经营管理需要，由企业自行设置。

在金蝶精斗云系统中，明细科目是在会计科目下直接下设明细。辅助核算是会计科目的一种延伸，设置某科目有相应的辅助核算后，相当于设置了科目按核算项目进行更为明细的核算。但核算项目又不同于一般的明细科目，它具有更加灵活方便的特性，一个核算项目可以在多个科目下挂接；而且一个会计科目既可以设置单一核算项目，也可以选择多个核算项目，例如可以将费用类科目同时设置为部门与职员核算，方便进行财务管理。

如果公司客户或供应商较多，或者客户发生业务次数较少，设置成明细科目并不利于科目管理，可设置成核算项目。而相对固定发生的业务，如办公费、差旅费等，明细科目就是在总账科目下设置，如管理费用—差旅费。如明细到具体部门与职员，可在该明细科目设置辅助核算项目部门与职员。

【任务实施】

业务2-5　建立账套业务(2)

依据所给企业基本资料进行建账。

业务2-6　年初账套启用初始数据录入业务

依据科目期初余额表完成初始数据录入。

本案例是年初启用账套,只需按照期初余额表录入每个科目上一年度余额。具体实施步骤如下:

步骤1:建账。

按照相关信息依次对公司名称、本位币、启用期间和会计制度等进行录入和创建账套。

注:会计科目和记账凭证采用系统默认,无须进行设置。

步骤2:币别新增。

在左侧菜单栏点击"设置→币别",在右上角点击"新增",界面会出现弹窗"新增币别"。

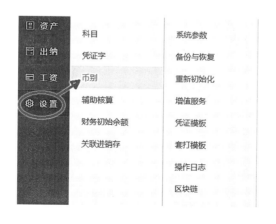

在新增币别弹窗中按照实训要求依次输入编码、币别、汇率等内容,并点击"保存"。

步骤 3:明细科目设置。

通过对科目期初余额表的分析,在银行存款一级科目下需新增二级科目:工商银行、中国银行。操作如下:在左侧菜单栏点击"设置→科目",进入科目编辑界面。点击一级科目银行存款前边的"+"号,界面会出现弹窗"新增下级科目"。

在"新增下级科目",按照实训要求依次输入二级科目名称等内容,并点击"保存"。

步骤 4:数据录入。

在左侧菜单栏点击"设置→财务初始余额",进入财务初始余额编辑界面。

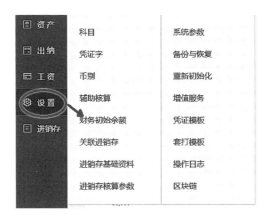

依据科目期初余额表,依次录入资产、负债、权益、成本、损益等模块相关数据。资产类科目期初余额录入,数据录完后,点击右上角"保存"。

类别 资产 负债 权益 成本 损益	币别 人民币 汇率 1.0000 □隐藏数量 初始余额录入流程			
科目编码	科目名称	方向	期初余额 数量	期初余额 金额
1001	库存现金	借		
1002	银行存款	借		423,000.00
100201	工商银行	借		335,000.00
100202	中国银行	借		88,000.00

负债类科目期初余额录入,数据录完后,点击右上角"保存"。

类别 资产 负债 权益 成本 损益	币别 人民币 汇率 1.0000 初始余额录入流程		
科目编码	科目名称	方向	期初余额
2001	短期借款	贷	
2201	应付票据	贷	
2202	应付账款	贷	150,000.00
2203	预收账款	贷	
2211	应付职工薪酬	贷	50,000.00
2221	应交税费	贷	
222101	应交增值税	贷	

权益类科目期初余额录入,数据录完后,点击右上角"保存"按键。

步骤5:试算平衡检查。

点击财务初始余额界面左上角"试算平衡",进行试算平衡检查。

如初始余额试算平衡系统会出现以下提示:

说明:

"设置"选项中有导入和导出两项功能:导入是指财务初始余额的录入,可以运用Excel表格进行导入,具体操作如图所示。

导出是指系统录入的财务初始余额也可以进行下载。

【任务评价】

工作任务序号	结果考核(40%)					过程考核(60%)								总分
	考核主体	实训成果	实训报告	成果汇报	合计	考核主体	职业态度	团队协作	工作质量	考勤纪律	小计	折合分值	合计	
具体工作任务	教师					教师70%								
						自评30%								
教师评价：						自我评价：								
				签字：时间：							签字：时间：			

【拓展提升】

财务初始余额录入注意事项

在财务初始余额录入中,有些格子是灰色的。灰色的格子是系统根据其他单元格录入的数据自动计算而得,例如,非明细科目的余额是根据明细科目汇总计算得到;年初数根据期初数和累计发生数计算得到。数据录入并保存后可以显示自动计算的数据。

如果财务初始余额输入错误,可以采用以下方式修改:如果当前会计期间是启用期间,可直接修改财务初始余额;如果已经结账,必须反结账到启用期间,才能修改财务初始余额。

在设置财务初始余额时,分为以下两种情况:如果是在年初启用账套(1月),只需要录入每个科目上一年度年末余额即可;如果是年中启用账套(除1月外的其他月份),需要录入期初余额(即启用账套期间的上期期末数)、本年累计借方和本年累计贷方,系统会倒挤出年初数,在资产负债表里可体现。特别需要注意的是年中启用账套时,损益类科目需要输入实际损益发生额(本年累计借方＝本年累计贷方＝实际损益发生额),以保证利润表取数正确。

任务4　年中账套启用初始数据录入业务

【实训目的】

(1) 了解年中账套初始化数据录入。

(2) 掌握辅助核算常见类别与设置。

(3) 依据企业实际情况,完成新建账套。

（4）依据企业实际情况，完成年中账套初始化数据录入的基本操作。

【经济业务】

➤ **业务 2-7 建立账套业务（3）**

依据所给企业基本资料进行建账。

➤ **业务 2-8 年中账套启用初始数据录入业务**

依据科目期初余额表完成初始数据录入。

【实训资料】

1. 新建账套

单位名称：深圳市云商有限公司。

会计制度或准则：《小企业会计准则》（2013 年颁）。

记账本位币：人民币。

会计科目级数：4 级，4-2-2-2。

启用日期：2019 年 5 月。

选择"账簿余额方向"为"与科目余额方向保持一致"。

2. 币别

外币代码：USD，名称：美元，期初汇率 8.0。

3. 核算项目

客户		部门		存货（商品）		职员		
代码	名称	代码	名称	代码	名称	代码	姓名	部门
001	青岛飞达	01	总经办	01	A 商品	01	张勇	总经办
002	深圳科技	02	采购部	02	B 商品	02	陈林	总经办
003	永辉材料	03	财务部	03	C 商品	03	刘红	采购部
004	大芬艺术	04	销售部			04	陈春	采购部
005	新世纪世贸	05	仓库部			05	张磊	仓库部
						06	戴婷	财务部
						07	肖瑶	财务部
						08	王芳	财务部
						09	李闯	销售部
						10	高峰	销售部

注：（1）商品单位为件。

（2）应收账款按照客户+职员类别设置辅助核算。

（3）库存商品按照存货类别设置辅助核算和数量核算。

4. 会计科目及期初余额

2019 年 5 月 1 日期初科目余额表

单位:元

科目编码	科目名称	期初余额		本年累计发生额	
		借方	贷方	借方	贷方
1001	库存现金	1000		200	300
1002	银行存款	600		500	300
100201	工商银行	500		300	200
100202	中国银行	100		200	100
1122	应收账款	15000		3000	8000
112200101	青岛飞达张勇	5000		1000	3000
112200202	深圳科技陈林	10000		2000	5000
1405	库存商品	11000		6900	2000
140501	A 商品	11000 (100 件)		6900 (80 件)	2000 (20 件)
1601	固定资产	300000			
2202	应付账款		300000		
3001	实收资本		27600		
5001	主营业务收入			5000	5000
5601	销售费用			3000	3000
560101	办公用品			3000	3000
	合计	327600	327600	18600	18600

【相关知识】

1. 辅助核算、科目与明细科目

辅助核算是会计科目的一种延伸,在设置了某个科目有辅助核算后,相当于该科目可以按照核算项目进行更为明细的核算,如应收账款等往来科目可以按照客户辅助核算。但是,核算项目又不同于一般的明细科目。首先,一个核算项目可以与多个科目进行挂接;其次,一个会计科目可以设置单一核算项目,也可以选择多个核算项目。例如可以将应收账款科目同时设置为部门核算、客户核算,方便进行财务管理。

2. 年中账套初始化数据录入

如果是年中启用账套(除 1 月外的其他月份),需要录入期初余额(即启用账套期间的上期期末数),本年累计借方和本年累计贷方,系统会倒数出年初数,在资产负债表里可体现。特别需要注意的是年中启用账套时,损益类科目需要输入实际损益发生额(本年累计借方＝本年累计贷方＝实际损益发生额),以保证利润表取数正确。

【任务实施】

业务 2-7　建立账套业务(3)

依据所给企业基本资料进行建账。

业务 2-8　年中账套启用初始数据录入业务

依据科目期初余额表完成初始数据录入。

本实训案例是年中启用账套,只需按照期初余额表录入每个科目上一期间余额。具体实施步骤如下:

步骤 1:建账。

按照相关信息依次对公司名称、本位币、启用期间和会计制度等进行录入和创建账套。

步骤 2:币别新增。

在左侧菜单栏点击"设置"—"币别",在右上角点击"新增",界面会出现弹窗"新增币别"。在新增币别弹窗中按照实训要求依次输入编码、币别、汇率等内容,点击"保存"。

步骤 3:明细科目设置。

通过对科目期初余额表的分析,在银行存款一级科目下需新增二级科目:工商银行、中国银行。操作如下:在左侧菜单栏点击"设置"—"科目",进入科目编辑界面。点击一级科目银行存款前边的"＋"号,界面会出现弹窗"新增下级科目"。

在"新增下级科目"页面,按照实训要求依次输入二级科目名称等内容,并点击"保存"。

步骤4:辅助核算和数量核算设置。

(1)辅助核算类别设置。本实训案例中涉及对辅助核算中客户、部门、商品和职员进行辅助核算类别设置。现以存货为例,进行辅助核算类别设置操作:

1)在左侧菜单栏点击"设置"—"辅助核算",进入辅助核算界面,点击"存货",进入存货界面,点击"新增"。

2）在"新增存货"弹窗中按照实训要求依次输入编码、名称、规格、单位等内容，并点击"保存"。

3）按照实训要求，分别新增各类别商品。新增保存后，界面如下：

按照实训要求，依次对部门、职员和客户进行辅助核算类别设置。

（2）辅助核算和数量核算科目设置。此设置需要对相应科目进行设置辅助核算，在系统"设置"模块，选择"科目"，进入科目界面，选择科目"库存商品"前的"✎"图标，进入"编辑科目"界面，然后依次勾选"辅助核算""数量核算"，在"数量核算"中，计量单位输入件，点击"确定"，保存成功。

选择"应收账款"科目前的"✎"图标进入"编辑科目"界面,然后依次勾选"辅助核算""客户""职员",点击"确定",保存成功。

步骤 5:数据录入。

在左侧菜单栏点击"设置"—"财务初始余额",进入财务初始余额编辑界面。

依据科目期初余额表,依次对资产、负债、权益、成本、损益等模块录入相关数据。每录一行数据建议点击右上角保存按键,以及时保存相关数据。

（1）资产类科目期初余额录入，数据录完后，点击右上角"设置"按键。

科目编码	科目名称	方向	期初余额	本年累计借方	本年累计贷方	年初余额
			金额	金额	金额	金额
1001	库存现金	借	1,000.00	200.00	300.00	1,100.00
1002	银行存款	借	600.00	500.00	300.00	400.00
100201	工商银行	借	500.00	300.00	200.00	400.00
100202	中国银行	借	100.00	200.00	100.00	
1012	其他货币资金	借				
101201	银行汇票	借				
1101	短期投资	借				
110101	股票	借				
110102	债券	借				
110103	基金	借				

注：年初余额不需要录入，在录入期初余额、本年累计借方、本年累计贷方，点击右上角"保存"，系统会自动计算出年初余额。

设置辅助核算的科目，不能直接录入数据，需要增加明细，选择相应的辅助核算类别，然后再输入相关数据。

点击"应收账款"后面的"＋"图标，系统出现"增加明细"弹窗，按照期初科目余额表相关内容，选择相应的客户、职员分类，点击"确定"。

在应收账款科目下相应的辅助核算科目输入相应数据，点击"保存"。

1121	应收票据		借			
1122	应收账款	＋	借	15,000.00	3,000.00	8,000.00
1122_001_01	应收账款_青岛飞达_张勇		借	5,000.00	1,000.00	3,000.00
1122_002_02	应收账款_深圳科技_陈林		借	10,000.00	2,000.00	5,000.00

点击"库存商品"后面的"＋"图标，系统出现"增加明细"弹窗，按照期初科目余额表相关内容，输入存货分类，点击"确定"。

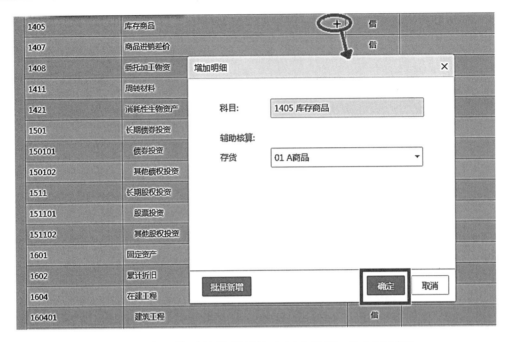

在库存商品科目下相应的辅助核算科目输入相应数据,点击"保存"。

| 1405 | 库存商品 | + | 信 | 100 | 11,000.00 | 80 | 6,900.00 | 20 | 2,000.00 |
| 1405_01 | 库存商品_A商品 | | 信 | 100 | 11,000.00 | 80 | 6,900.00 | 20 | 2,000.00 |

(2)负债类科目期初余额录入数据录完后,点击右上角"设置"。

类别	资产	负债	权益	成本	损益	↻	币别	人民币 ▾	汇率 1.0000 ☑ 初始余额录入流程

科目编码	科目名称	方向	期初余额	本年累计借方	本年累计贷方	年初余额
2001	短期借款	贷				
2201	应付票据	贷				
2202	应付账款	贷	300,000.00			300,000.00
2203	预收账款	贷				
2211	应付职工薪酬	贷				
221101	工资	贷				

(3)权益类科目期初余额录入数据录完后,点击右上角"设置"。

类别	资产	负债	权益	成本	损益	↻	币别	人民币 ▾	汇率 1.0000 ☑ 初始余额录入流程

科目编码	科目名称	方向	期初余额	本年累计借方	本年累计贷方	年初余额
3001	实收资本	贷	27,600.00			27,600.00
3002	资本公积	贷				
300201	资本溢价	贷				
300202	接受捐赠非现金资产准备	贷				
300206	外币资本折算差额	贷				
300207	其他资本公积	贷				
3101	盈余公积	贷				

(4)损益类科目期初余额录入数据录完后,点击右上角"设置"。

步骤 6：试算平衡检查。

点击财务初始余额界面左上角"试算平衡"，进行试算平衡检查。

初始余额试算平衡系统会出现提示。

【任务评价】

工作任务序号	结果考核(40%)					过程考核(60%)								总分
	考核主体	实训成果	实训报告	成果汇报	合计	考核主体	职业态度	团队协作	工作质量	考勤纪律	小计	折合分值	合计	
具体工作任务	教师					教师70%								
						自评30%								

教师评价： 签字： 时间：	自我评价： 签字： 时间：

【拓展提升】

如何合理规划和维护科目

启用系统时,根据预先选择的会计制度或准则已经配置好了科目,能满足大部分中小企业财务记账的需求,但仍需要根据企业自身的记账需要对科目进行维护,同时还应考虑到企业的后续发展。科目设置好后再变更,会非常麻烦,前期合理规划和设计科目表就显得非常重要。在科目维护中要注意四个重点:

- 科目代码的长度要有前瞻性。
- 增加或减少一级科目后,需要去修改报表公式,否则会导致报表不准确。
- 科目设置应与进销存或辅助核算互补,不必设过多科目。
- 辅助核算必须在科目发生业务前进行设置。

项目3 日常业务处理

知识目标

（1）了解原始凭证的基本内容。

（2）理解会计凭证的概念及其分类。

（3）掌握原始凭证的审核方法。

（4）熟悉日常账务处理流程。

（5）掌握云会计记账凭证的填制方法。

（6）掌握云会计凭证的日常管理方法。

能力目标

（1）能熟练规范填制各类凭证。

（2）能处理相关凭证的审核。

（3）能依据具体业务资料运用云会计填制相关凭证。

（4）能按照相关业务流程，处理各项日常业务。

（5）能运用云会计进行凭证的日常管理。

本章内容主要介绍企业日常经济业务账务处理流程，拟从筹资业务、投资业务、采购业务、销售业务、库存管理业务、其他日常经济业务等方面进行实训。刚刚步入或即将步入会计从业岗位的朋友们可以通过本章内容熟悉简单的账务处理流程，顺利地将理论运用到实践中。同时，对于会计初学者也会有一个很好的启蒙作用，能够帮助更多的人学会简单的记账、算账。[①]

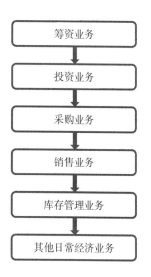

---

① 日常业务处理及后面账务处理企业资料都采用项目二，年中账套启用初始数据录入中企业资料和期初余额为实训背景。

系统概述

(一) 凭证录入界面功能

凭证是记录经济业务、明确经济责任的书面证明,也是登记账簿的依据。财务人员需要以凭证的方式记录公司发生的实际经济业务。

进入工作台,点击"凭证",选择"录凭证","录凭证"主界面功能如下:

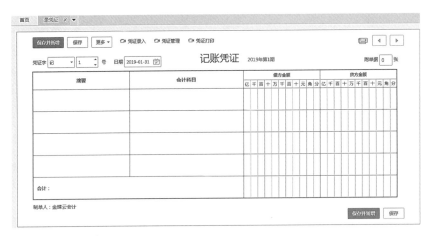

界面各功能键含义如下:

· 保存并新增:保存当前凭证同时转换到新增凭证界面。

· 保存:保存当前新增的凭证。

· 凭证字:可按凭证内容选择对应的凭证字,凭证号系统会自动生成,可修改。

· 更多:保存为凭证模板,从模板生成凭证,在"选项"中勾选"录凭证从凭证头开始"后新增凭证时鼠标可以定位到凭证号里;未勾选此参数新增凭证时鼠标定位到摘要。

· 日期:决定凭证的所属期间,只能新增当前及以后期间的凭证。

· 附单据×张:结合原始凭证使用,表示此凭证有多少个原始单据。

· 制单人:新增此凭证操作员的姓名。

制单人姓名修改,分为两种情况:

(1) 多账套操作步骤:账套首页—个人信息—修改姓名相关信息。

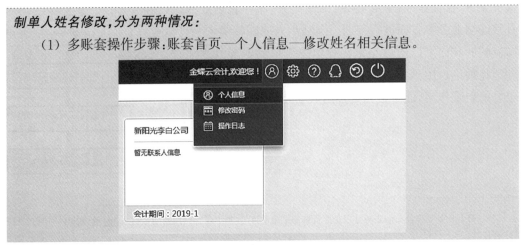

在账套首页中单击"个人信息"，系统弹出"个人信息"弹窗。可对相应信息进行修改。

（2）单账套操作步骤：工作台首页—账号设置—修改个人信息。

在工作台右上角点击"账号设置"，系统弹出账号设置界面。

在"账号设置"中点击"修改个人信息",系统出现弹窗"个人信息",对姓名进行相应的修改。

个人信息

登录名:	jdyxb123
姓名:	
性别:	◉男 ○女
固定电话:	--
所在地区:	中国 ▾ 广东 ▾ 深圳 ▾
详细地址:	请输入详细地址
	提交

在"个人信息"中,对姓名进行相关修改。如制单人姓名是"张三",在姓名中输入"张三"。在以后凭证录入保存后,凭证制单人会显示为"张三"姓名。

修改说明:

(1) 修改完,退出或关掉浏览器重新登录才能生效。

(2) 登录精斗云的用户名是不能改的,能改的是这个用户名的姓名,也就是制单人姓名。

(3) 以前录入的会计凭证,要改请重新保存凭证。

(二) 凭证操作

1. 如何录制凭证

步骤1:直接在系统主界面单击"录凭证",进入凭证录制界面。

步骤2:设置凭证字号、凭证录入日期和附件数。

步骤3:设置凭证的摘要信息,可以手工输入,或者在摘要库选取。

步骤4:设置科目,既可以手工输入科目,也可以单击"科目"图标选择科目。如果需要录入核算项目,则在输入或选取核算项目的科目后,从弹出的列表中选择辅助核算项目;如果有外币业务,则在"币别"列表填写;如果需要设置数量金额核算,则在"数量"和"单价"文本框输入数量和单价。

步骤5:输入凭证借贷方的金额。

步骤6:单击"保存"按钮。

说明：

鼠标放在图标 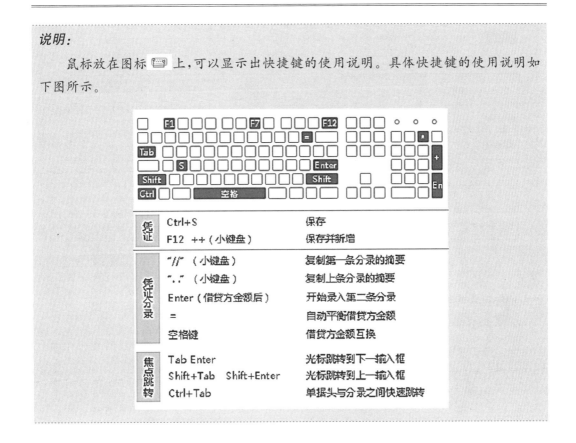 上，可以显示出快捷键的使用说明。具体快捷键的使用说明如下图所示。

2.如何使用凭证模板

在"录凭证"界面，鼠标移至"更多"处，点击"从模板生成凭证"，选择需要使用的模板。然后修改凭证的日期、金额等信息，单击"保存"。

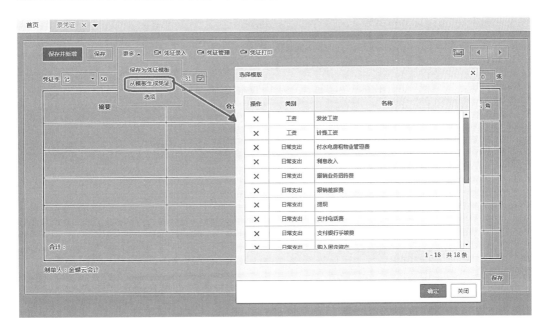

3.如何查询凭证

步骤1:在系统主界面,单击"查凭证"。

步骤2:设置相关的过滤条件。将鼠标放在左上方显示会计期间处,出现一个下拉框,然后进行设置。

步骤3:单击"查询",系统显示符合条件的凭证记录。

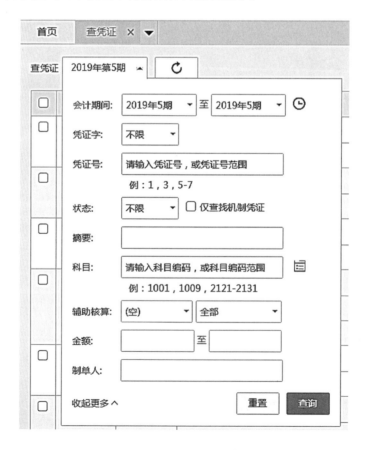

4.如何修改凭证

在"查凭证"页面，单击待修改凭证记录后的"修改"字样，或双击"凭证"，或直接点击待修改凭证的凭证号进入凭证详情页面。

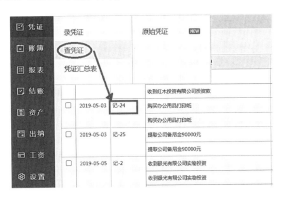

已经审核过的凭证需要先反审核，再修改凭证分录的相关信息。

修改相应信息后，点击"保存"。如需对凭证进行审核，可以点击"审核"。

说明:

当凭证处于以下几种状态时,不能直接修改,需先撤销该状态:

(1) 已审核状态的凭证,需先反审核后才能修改。

(2) 已结账账套如需修改上一期凭证,需先反结账到上期后,再看凭证是否处于审核状态,如已审核需再反审核后才能修改该凭证。

(3) 由系统生成的凭证(由结账生成的调汇凭证、结转损益凭证)不能修改,该凭证的凭证字、日期、摘要在结账界面可设置。

5. 如何删除凭证

在"查凭证"页面,单击待删除凭证记录后的"删除"字样,弹出"系统提示"对话框,点击"确定"删除凭证。

或者直接点击待修改凭证的凭证号进入该凭证界面,点击"删除",弹出"系统提示"对话框,点击"确定"删除凭证。

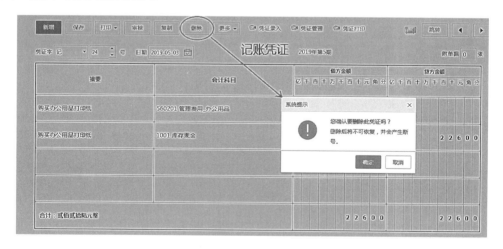

说明:

Q:凭证删除后,凭证号是自动重排还是空号?

A:凭证删除后,该凭证号就空缺。当新增凭证时系统先自动填补该断号,如需调整凭证号,也可以用"查凭证"中的"整理"功能。

6.如何复制凭证

在"查凭证"页面,点击"待复制凭证",进入凭证修改页面,单击"复制",修改凭证的日期及相关信息,最后单击"保存"。

7.如何审核凭证

在"查凭证"页面,点击"待审核凭证",进入凭证修改页面,单击"审核",系统提示操作成功。也可以直接在"查凭证"页面勾选需要审核的凭证,点击"审核"完成审核。如果需要一次审核所有凭证,请勾选所有凭证,单击"审核"。

8.如何插入凭证

在"查凭证"页面,将鼠标放在"更多"处,单击"插入"。选择会计期间、凭证字,再将凭证×号插入×号前,然后通过点击"凭证字号"重新排序。

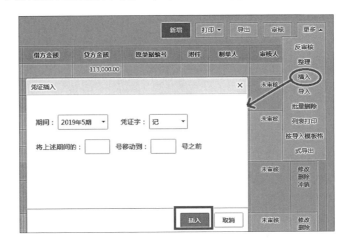

注:已结账的凭证期间不能插入凭证。

9.如何整理凭证号

如果凭证出现断号,系统支持按凭证号顺次前移补齐断号或者按凭证日期重新顺次编号。

在"查凭证"页面,将鼠标放在"更多"处,单击"整理"。选择会计期间、凭证字以及起始凭证号,单击"确定",系统给出断号检查结果,单击"开始整理",然后弹出对话框,点击"确定"即可。

说明:

期末结账时,如果存在凭证断号情况,系统会给出提示。

10.如何导出凭证

在"查凭证"页面,单击"导出",在页面下方就会出现 Excel 格式的文件,可以直接打开查看或者保存至本地。

11.如何打印凭证

在"查凭证"页面,单击"打印",进入"凭证打印"页面,可以观看视频演示设置打印。打印方式有 PDF 打印和专业套打两种方式。

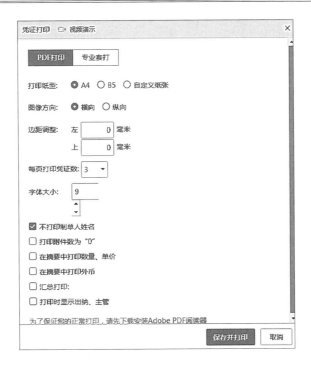

任务 1　筹资业务核算

【实训目的】

(1) 明确筹资过程中的工作流程和岗位角色操作。

(2) 正确识别和填制筹资过程中相关经济业务凭证。

(3) 完成筹资过程中经济业务的会计业务处理。

【经济业务】

➤ 业务 3-1　接受资金投资业务

5 月 2 日,收到红木投资有限公司作为资本金投入的货币资金投资额 2000000 元,款项已收存中国工商银行。

➤ 业务 3-2　接受实物投资业务

5 月 5 日,收到极光有限公司作为资本金投入的不需安装的仓储货架一台,极光有限公司开出增值税专用发票,增值税税率为 13%,发票注明价款为 270000 元,增值税为 35100 元。货物已验收入库。

> 业务 3-3　银行借款业务

5月3日,向中国工商银行借入为期3个月的流动资金周转贷款90000元,年利率为5%。

请以云会计管理员身份或者会计角色登录账套,完成相关凭证录入工作。

【相关知识】

1. 会计凭证

会计凭证是指记录经济业务发生或者完成情况的书面证明,是登记账簿的依据。

会计凭证按其编制程序和用途的不同,分为原始凭证和记账凭证:

(1)原始凭证又称单据,是在经济业务最初发生之时即行填制的原始书面证明,如销货发票、款项收据等。

(2)记账凭证又称记账凭单,是以审核无误的原始凭证为依据,按照经济业务的事项的内容加以归类,并据以确定会计分录后所填制的会计凭证。它是登入账簿的直接依据,常用的记账凭证有收款凭证、付款凭证、转账凭证等。

2. 筹资活动

筹资活动是指企业作为筹资活动的主体根据其生产经营、对外投资和调整资本结构等需要,通过筹资渠道和金融市场,运用筹资方式,经济有效地筹措和集中资本的活动。企业筹资的方式主要有投入资本筹资、发行股票筹资、发行债券筹资、发行商业本票筹资、银行借款筹资、商业信用筹资、租赁筹资。

3. 筹资分类

分类标准	分类
资金的权益特性	·股权筹资 ·债务筹资 ·混合筹资
是否借助于中介	·直接筹资 ·间接筹资
资金来源范围	·内部筹资 ·外部筹资
筹集资金使用期限	·长期筹资 ·短期筹资

(1)按企业所取得资金的权益特性不同,企业筹资分为股权筹资、债务筹资及混合筹资三类。

1)股权筹资。股权资本也称股东权益资本、自有资本、主权资本,是企业依法长期拥有、能够自主调配运用的资本,而且不用还本付息,但要分利,成本比较高。

2）债务筹资。债务资本是企业通过借款、发行债券、融资租赁以及赊购商品或服务等方式取得的,在规定期限内需要清偿的债务。

3）混合筹资,兼具股权与债权筹资性质。目前,我国上市公司最常见的混合筹资方式是发行可转换债券和发行认股权证。

（2）按是否借助于金融机构为中介来获取社会资金,企业筹资分为直接筹资和间接筹资两种类型。

1）直接筹资是企业直接与资金供应者协商融通资金的筹资活动。直接筹资不需要通过金融机构来筹措资金,是企业直接从社会取得资金的方式。直接筹资方式主要有发行股票、发行债券、吸收直接投资等。

2）间接筹资是企业借助于银行和非银行金融机构而筹集资金。在间接筹资方式下,银行等金融机构发挥中介作用,预先集聚资金,然后提供给企业。间接筹资的基本方式是银行借款,此外还有融资租赁等方式。间接筹资,形成的债务资金主要用于满足企业资金周转的需要。间接筹资手续相对比较简便,筹资效率高,筹资费用较低,但容易受金融政策的制约和影响。

（3）按资金的来源范围不同,企业筹资分为内部筹资和外部筹资两种类型。

1）内部筹资是指企业通过利润留存而形成的筹资来源。内部筹资额数额大小主要取决于企业可分配的多少和利润分配政策,一般无须花费筹资费用,从而降低了资本成本。

2）外部筹资是指企业向外部筹措资金而形成的筹资来源。处于初创期的企业,内部筹资的可能性是有限的;处于成长期的企业,内部筹资往往难以满足需要,这就需要企业广泛地开展外部筹资,如发行股票、债券,取得商业信用、银行借款等。企业向外部筹资大多需要花费一定的筹资费用,从而提高了筹资成本。

（4）按所筹集资金的使用期限是否超过 1 年,企业筹资分为长期筹资和短期筹资两种类型。

1）长期筹资是指企业筹集使用期限在 1 年以上的资金。长期筹资通常采取吸收直接投资、发行股票、发行债券、长期借款、融资租赁等方式,所形成的长期资金主要用于购建固定资产、形成无形资产、进行对外长期投资、垫支铺底流动资金、产品和技术研发等。从资金权益性质来看,长期资金可以是股权资金,也可以是债务资金。

2）短期筹资是指企业筹集使用期限在 1 年以内的资金。短期资金主要用于企业的流动资产和资金日常周转,一般在短期内需要偿还。短期筹资经常利用商业信用、短期借款、保理业务等方式来筹集。

【任务实施】

业务 3-1 接受资金投资业务

5 月 2 日,收到红木投资有限公司作为资本金投入的货币资金投资额 20000000 元,款项已收存中国工商银行。

要点分析：

以货币资金出资，无须进行任何评估作价，同时，货币资金出资一般不会出现出资溢价问题，可以简化财务处理手续。因此，货币资金是出资者所采用的最普遍、最直接的出资方式，也是企业最愿意接受的出资方式之一。企业实际收到的货币资金出资，应该记入实收资本科目。日后出现符合规定的增资、减资，直接通过该科目的借贷方向进行调整。但是对企业某一特定项目的出资不得使用该科目。

摘要：收到红木投资有限公司投资款

借：银行存款——工商银行　　　20000000

　　贷：实收资本　　　　　　　　　20000000

| 新增 | 保存 | 打印 ▾ | 审核 | 复制 | 删除 | 更多 ▾ | | | 跳转 | ◀ | ▶ |

记账凭证　2019年第5期

凭证字 记 ▾ 1 号　日期 2019-05-02 📅　　　　　附单据 0 张

摘要	会计科目	借方金额											贷方金额										
		亿	千	百	十	万	千	百	十	元	角	分	亿	千	百	十	万	千	百	十	元	角	分
收到红木投资有限公司投资款	100201 银行存款_工商银行		2	0	0	0	0	0	0	0	0	0											
收到红木投资有限公司投资款	3001 实收资本													2	0	0	0	0	0	0	0	0	0
合计：贰仟万元整			2	0	0	0	0	0	0	0	0	0		2	0	0	0	0	0	0	0	0	0

业务 3-2　接受实物投资业务

5月5日，收到极光有限公司作为资本金投入的不需安装的仓储货架一台，极光有限公司开出增值税专用发票，增值税税率为13%，发票注明价款为270000元，增值税为35100元。货物已验收入库。

要点分析：

根据相关财税法规的规定，以非货币财产出资的投资人应当进行资产评估。接受方按投资合同或协议约定的价值（但合同或协议约定的价值不公允的除外）入账。

摘要：收到极光有限公司实物投资

借：固定资产　　　　　　　　　　　　　270000

　　应交税费——应交增值税（进项税额）　35100

　　贷：实收资本　　　　　　　　　　　　305100

凭证字 记 ▼ 2 号　日期 2019-05-05 📅　　　　　**记账凭证**　2019年第5期　　　　　　附单据 0 张

摘要	会计科目	借方金额										贷方金额									
		亿	千	百	十	万	千	百	十	元	角	分	亿	千	百	十	万	千	百	十	元	角	分
收到极光有限公司实物投资	1606 固定资产清理				2	7	0	0	0	0	0	0											
收到极光有限公司实物投资	22210101 应交税费_应交增值税_进项税额					3	5	1	0	0	0	0											
收到极光有限公司实物投资	3001 实收资本															3	0	5	1	0	0	0	0
合计：叁拾伍万壹仟佰元整					3	0	5	1	0	0	0	0				3	0	5	1	0	0	0	0

业务 3-3　银行借款业务

5 月 5 日，向中国工商银行借入为期 3 个月的流动资金周转贷款 90000 元，年利率为 5%。

摘要：收到短期银行贷款（3 月期，年利率 5%）。

借：银行存款——工商银行　90000

　　贷：短期借款　　　　　　　　　90000

知识拓展：

企业向金融机构的借款利息支出，按照实际发生数扣除；向非金融机构的借款利息支出，不高于按照金融机构同类、同期贷款利率计算的数额以内的部分，准予扣除。因此，企业借款时，须留意企业所得税汇算清缴的利息扣除要求。

凭证字 记 ▼ 3 号　日期 2019-05-05 📅　　　　　**记账凭证**　2019年第5期　　　　　　附单据 0 张

摘要	会计科目	借方金额										贷方金额									
		亿	千	百	十	万	千	百	十	元	角	分	亿	千	百	十	万	千	百	十	元	角	分
收到短期银行贷款（3月期，年利率5%）	100201 银行存款_工商银行					9	0	0	0	0	0	0											
收到短期银行贷款（3月期，年利率5%）	2001 短期借款																9	0	0	0	0	0	0
合计：玖万元整						9	0	0	0	0	0	0					9	0	0	0	0	0	0

【任务评价】

工作任务序号	结果考核(40%)					过程考核(60%)								总分
	考核主体	实训成果	实训报告	成果汇报	合计	考核主体	职业态度	团队协作	工作质量	考勤纪律	小计	折合分值	合计	
具体工作任务	教师					教师70%								
						自评30%								
教师评价: 　　　　　　　　　　　签字: 　　　　　　　时间:						自我评价: 　　　　　　　　　　　签字: 　　　　　　　时间:								

【拓展提升】

实收资本账务处理

公司成立时工商登记需要明确注册资本,企业按照《公司法》、企业章程或合同、协议约定,接受投资者实际投入企业的资本,即是企业的注册资本。

(1) 接受现金资产投资。

借:银行存款(发行价款——手续费、佣金)

　　贷:实收资本(有限责任公司按照双方约定的份额)、股本(股份有限公司按面值科目计入股本)

　　　资本公积——资本溢价、股本溢价(差额倒挤)

(2) 接受非现金资产投资。

借:固定资产、原材料、无形资产(按资产的公允价值)

　　应交税费——应交增值税(进项税额)

　　贷:实收资本(按照双方约定的份额)

　　　资本公积——资本溢价(差额倒挤)

(3) 实收资本(或股本)的增减变动。

1) 接受投资者追加投资。

借:银行存款

　　贷:实收资本、股本

2) 资本公积转增资本。

借:资本公积——资本溢价、股本溢价

　　贷:实收资本、股本

任务 2 投资业务核算

【实训目的】

(1) 明确投资业务的工作流程和岗位角色操作。

(2) 正确识别和填制投资过程中相关经济业务凭证。

(3) 完成投资过程中经济业务的会计业务处理。

【经济业务】

➤ 业务 3-4 长期股权投资业务

5月7日,本公司购入红星公司30%的普通股权,对红星公司有重大影响,本公司工商银行账户支付买价640万元,同时支付相关税费4万元,购入的红星公司股权准备长期持有。

➤ 业务 3-5 无形资产投资业务(购买财务软件业务)

5月8日,财务部申请购买金蝶财务软件,预计使用5年,作为无形资产。工商银行账户电汇支付价款,价税合计15920元,其中增值税1831.50元,取得增值税专用发票。

请以云会计管理员身份登录账套,完成相关凭证录入工作,并将"业务3-4 长期股权投资业务"保存为凭证模板。

【相关知识】

1. 投资活动

企业投资一般是指企业投入一定量的资金从事某项经营活动,以期在未来时期获取收益或达到其他经营目的的一种经济行为。根据投资方向的不同,企业投资可以分为内部投资和外部投资。

(1) 内部投资:企业为了保证内部的生产经营活动的顺利进行以及扩大规模而进行的投资活动。内部投资有广义和狭义之分,广义的内部投资是指短期内部投资和长期内部投资,如流动资产、固定资产和无形资产等投资;狭义的内部投资一般仅指长期内部投资,如固定资产投资和无形资产投资。

(2)外部投资:企业将自己的资产投放于企业外部的投资活动,一般是以现金、实物、无形资产等方式或者以购买股票、债券等有价证券方式向其他单位投资。

2. 无形资产

无形资产指企业拥有或者控制的没有实物形态的可辨认非货币资产。一般来说,办公软件是相对独立的应用程序;数额较大,计入无形资产每期进行摊销;数额不大计入当期损益。

3. 云会计凭证录入模板

在"录凭证"界面,鼠标移至"更多"处,点击"从模板生成凭证",选择需要使用的模板。然后修改凭证的日期、金额等信息,单击"保存";如果点击"保存为凭证模板",该录入凭证摘要和科目会被保存,后期录入凭证,可以直接点击"从模板生成凭证",选择相应模板使用,可以快速录入相关凭证。

此外,凭证有一些快捷方式帮助快速录入凭证:

选择科目可以直接录入凭证编码,也可以录入科目名称中的任何一个汉字,系统自动模糊匹配合适的科目;凭证金额可以手工录入,也可 F7 调用计算器计算获得;第二行分录自动携带第一行凭证摘要,金额可以用"="号自动计算平衡金额;金额在借方和贷方之间切换时用"空格"键。

【任务实施】

业务 3-4 长期股权投资业务

5月7日,本公司购入红星公司 30% 的普通股权,对红星公司有重大影响,本公司中国工商银行账户支付买价 640 万元,同时支付相关税费 4 万元,购入的红星公司股权准备长期持有。

要点分析:

《企业会计准则》规定,除同一主体控制下的企业合并外其他方式取得的长期股权投资,其中以支付现金取得的长期股权投资,应当按照实际支付的购买价款作为初始投资成本。初始投资成本包括与取得长期股权投资直接相关的费用、税金及其他必要支出。

初始投资成本是在投资单位初始投资时(即做第一笔分录时),长期股权投资的金额。而初始投资成本与取得的被投资单位可辨认净资产公允价值份额不一致时,要考虑的是初始投资成本的调整,这时需确认的是长期股权投资的入账价值。

摘要:取得长期股权投资

借:长期股权投资——其他股权投资 　　　　6440000

　　贷:银行存款——工商银行 　　　　　　　6440000

凭证字 记 ▼ 4 ▲▼ 号　日期 2019-05-07 📅　　**记账凭证**　2019年第5期　　　　附单据 0 张

摘要	会计科目	借方金额											贷方金额										
		亿	千	百	十	万	千	百	十	元	角	分	亿	千	百	十	万	千	百	十	元	角	分
取得长期股权投资	151102 长期股权投资_其他股权投资			6	4	4	0	0	0	0	0	0											
取得长期股权投资	100201 银行存款_工商银行														6	4	4	0	0	0	0	0	0
合计:陆佰肆拾肆万元整				6	4	4	0	0	0	0	0	0			6	4	4	0	0	0	0	0	0

点击凭证界面中"更多"选项中的"保存为凭证模板",弹出"新增模板"界面。

在新增模板弹窗中,模板名称输入"取得长期股权投资",点击"保存"。

业务 3-5　无形资产投资业务(购买财务软件业务)

5月8日,财务部申请购买金蝶财务软件,预计使用5年,作为无形资产。中国工商银行账户电汇支付价款,价税合计 15920 元,其中增值税 1831.50 元,取得增值税专用发票。

要点分析:

根据软件的用途确定应计入哪类资产,如果是为硬件服务的,如大型设备的控制系统等,则应计入固定资产。反之,如果不是为某一硬件服务的,则应计入无形资产。当月增加的无形资产,当月开始摊销,当月减少的无形资产,当月不再摊销。

摘要:购置金蝶财务软件

借:无形资产	14088.50
应交税费——应交增值税(进项税额)	1831.50
贷:银行存款——工商银行	15920

记账凭证　2019年第5期

凭证字 记 ▾ 5 ▸ 号　日期 2019-05-08 🗓　　　　附单据 0 张

摘要	会计科目	借方金额											贷方金额										
		亿	千	百	十	万	千	百	十	元	角	分	亿	千	百	十	万	千	百	十	元	角	分
购置金蝶财务软件	1701 无形资产				1	4	0	8	8	5	0													
购置金蝶财务软件	22210101 应交税费_应交增值税_进项税额				1	8	3	1	5	0														
购置金蝶财务软件	100201 银行存款_工商银行															1	5	9	2	0	0	0	0	
合计:壹万伍仟玖佰贰拾元整					1	5	9	2	0	0	0	0				1	5	9	2	0	0	0	0

【任务评价】

工作任务序号	结果考核(40%)					过程考核(60%)									总分
	考核主体	实训成果	实训报告	成果汇报	合计	考核主体	职业态度	团队协作	工作质量	考勤纪律	小计	折合分值	合计		
具体工作任务	教师					教师 70%									
						自评 30%									
教师评价:						自我评价:									
				签字:							签字:				
				时间:							时间:				

【拓展提升】

未分配利润账务处理

未分配利润是指企业实现的净利润经过弥补亏损、提取盈余公积和向投资者分配利润后留存在企业的历年结存的利润。期末未分配利润＝企业期初未分配利润＋本期实现的净利润－提取的盈余公积和分配出去的利润。

(1) 当期实现盈利。

借:本年利润

　　贷:利润分配——未分配利润

(2) 当期亏损。

借:利润分配——未分配利润

　　贷:本年利润

（3）计提盈余公积。

借：利润分配——提取法定盈余公积、任意盈余公积

　　贷：盈余公积——法定盈余公积、任意盈余公积

借：利润分配——未分配利润

　　贷：利润分配——提取法定盈余公积、任意盈余公积

（4）分配现金股利或利润

借：利润分配——应付现金股利

　　贷：应付股利

借：利润分配——未分配利润

　　贷：利润分配——应付现金股利

（5）宣告股票股利时不需作会计分录。

（6）支付股票股利。

借：利润分配——转作股本的股利

　　贷：股本

借：利润分配——未分配利润

　　贷：利润分配——转作股本的股利

（7）盈余公积补亏

借：盈余公积

　　贷：利润分配——盈余公积补亏

借：利润分配——盈余公积补亏

　　贷：利润分配——未分配利润

任务 3 采购业务核算

【实训目的】

（1）明确采购过程中的工作流程和岗位角色操作。

（2）正确识别和填制采购过程中相关经济业务凭证。

（3）完成采购过程中经济业务的会计业务处理。

【经济业务】

（一）现购业务

➢ *业务 3-6 商品已入库，款项已支付业务*

5月12日，向永辉材料公司（一般纳税人）购买 A 型包装箱一批：A 型包装箱 2000 个，单价 12 元（不含税单价），价款 24000 元，增值税 3120 元，共计 27120 元。款项已支付

（工商银行账户），收到增值税专用发票，材料已验收入库。

> 业务 3-7 商品未入库，款项已支付业务

5 月 12 日，向永辉材料有限公司（一般纳税人）购买 B 型包装箱一批：B 型包装箱 150 个，单价 30 元，价款 4500 元，增值税 585 元，共计 5085 元。收到增值税专用发票，款项已付，但材料尚未收到。

（二）赊购业务

> 业务 3-8 商品已入库，款项未支付业务

5 月 16 日，向大芬艺术有限公司（一般纳税人）购买 A 商品一批：1000 件，单价 110 元，价款 110000 元，增值税 14300 元（增值税专用发票），共计 124300 元。商品已验收入库，款项尚未支付。

> 业务 3-9 商品已入库，票据支付业务

5 月 17 日，向大芬艺术有限公司（一般纳税人）购买 C 商品一批：1500 件，单价 200 元，价款 300000 元，增值税 39000 元，共计 339000 元。材料已验收入库，收到增值税专用发票，款项以三个月期的无息银行承兑汇票支付。

（三）定购业务

> 业务 3-10 商品未入库，预付款业务

5 月 17 日，向新世纪世贸有限公司（一般纳税人）购买 B 商品一批：500 件，单价 300 元，以转账支票（工商银行账户）预付定金 30000 元。

> 业务 3-11 商品已入库，支付尾款业务

5 月 20 日，新世纪世贸有限公司（一般纳税人）按照预付货款购货合同，把 B 商品 500 件发运到本公司，单价 300 元，价款 150000 元（不含税金额），增值税 19500 元（增值税专用发票），共计 169500 元。材料已验收入库，中国工商银行账户已转账支付，将余款结清。

请以云会计管理员身份或者会计角色登录账套，完成相关凭证录入工作。

【相关知识】

1. 现购业务

现购业务是指采购货物的同时支付款项的一种采购方式。款项支付方式可以采用现金、支票、银行汇票等结算方式采购货物。

2. 赊购业务

赊购是一种最常见的采购业务，是购销双方利用商业信用进行购销交易的一种

业务。在工商业企业中最常用的一种采购业务,赊购业务一般是因为购货方资金紧张,购货方从供货方采购货物,货款暂欠,后期会按照合同约定在未来某个时期支付的一种采购方式。

3. 定购业务

定购业务是指采用预付货款的方式采购货物,一般是指按照购货合同的相关约定,购货方先向销货方预付一定比例的货款,等收到货物后,结清尾款的业务。

4. 材料的采购成本

材料的采购成本是指企业物资从采购到入库前所发生的全部支出,包括购买价款、相关税费、运输费、装卸费、保险费、入库前的挑选整理费、合理损耗以及其他可归属于采购成本的费用。

5. 入库

商品入库是商品进入仓库时所进行的卸货、清点、验收、办理入库手续等工作的总称。入库业务分为到达货物接收和货物的验收入库两个主要环节。入库按照性质可分为正常入库、退货入库(冲货)、调拨入库等。

6. 出库

商品出库是商品离开仓库时所进行的验证、配货、点检、复核、登账等工作的总称。一般来说,商品出库贯彻"先进先出"的原则。

7. "应付账款"账户

"应付账款"账户属于负债类账户,用以核算企业因购买材料、商品和接受劳务等经营活动应支付的款项。

贷方登记企业因购入材料、商品和接受劳务等尚未支付的款项;借方登记偿还的应付账款;期末余额一般在贷方,反映企业期末尚未支付的应付账款余额;如果在借方,反映企业期末预付账款余额。

8. "预付账款"账户

"预付账款"账户属于资产类账户。借方登记企业因购货等业务预付的款项,贷方登记企业收到货物后应支付的款项等,期末余额在借方,反映企业预付的款项;期末余额在贷方,反映企业尚需补付的款项。

预付款项情况不多的,也可以不设置该账户,将预付的款项直接记入"应付账款"账户。

9. 实际成本法下材料采购的账务处理

料入库款已付	借:原材料 　　应交税费——应交增值税(进项税额) 　　贷:银行存款
料入库款未付	借:原材料 　　应交税费——应交增值税(进项税额) 　　贷:应付账款

料入库商业汇票	借:原材料 　　应交税费——应交增值税(进项税额) 　　贷:应付票据	
购入在途	借:在途物资 　　应交税费——应交增值税(进项税额) 　　贷:银行存款	借:原材料 　　贷:在途物资

10. 包装物

包装物是指为了包装企业商品而储备的各种容器,如桶、箱、瓶、坛、袋等,基核算内容包括:

(1) 生产过程中用于包装产品作为产品组成部分的包装物。

(2) 随同商品出售而不单独计价的包装物。

(3) 随同商品出售而单独计价的包装物。

(4) 出租或出借给购买单位使用的包装物。

包装物可以采用实际成本或计划成本计价核算。

在途包装物,采用计划成本时:

借:物资采购——包装物

　　应交税费——应交增值税(进项税额)

　　贷:银行存款

采用实际成本时:

借:在途材料——包装物

　　应交税金——应交增值税(进项税额)

　　贷:银行存款

【任务实施】

业务 3-6　商品已入库,款项已支付业务

5 月 12 日,向永辉材料公司(一般纳税人)购买 A 型包装箱一批:A 型包装箱 2000 个,单价 12 元(不含税单价),价款 24000 元,增值税 3120 元,共计 27120 元。款项已支付 (中国工商银行账户),收到增值税专用发票,材料已验收入库。

要点分析:

材料采购成本主要由材料的买价和采购费用两部分构成。

(1) 购买材料,结算价款即买价。

(2) 支付各种材料采购费用,包括运输费、装卸费、保险费、包装费、仓储费、入库前的挑选整理费、税费,以及运输途中的合理损耗。

包装物可采用实际成本或计划成本计价核算。

(3) 周转材料有很多"周转材料"的明细账如下:周转材料——低值易耗品(在库低值

易耗品），周转材料——包装物（在库包装物），周转材料——低值易耗品（在用低值易耗品），周转材料——包装物（在用包装物），周转材料——低值易耗品（低值易耗品摊销），周转材料——包装物（包装物摊销）。

摘要：购进 2000 个 A 型包装箱

借：周转材料——包装物　　　　　　　　　24000

　　应交税费——应交增值税（进项税额）　3120

　　　贷：银行存款——工商银行　　　　　　27120

记账凭证　2019年第5期

凭证字 记 ▾ 6 ▲▼ 号　日期 2019-05-12 📅　　附单据 0 张

摘要	会计科目	借方金额										贷方金额								
		亿	千	百	十	万	千	百	十	元	角	分	亿	千	百	十	万	千	百	十	元	角	分
购进2000个A型包装箱	141101 周转材料_包装物				2	4	0	0	0	0	0										
购进2000个A型包装箱	22210101 应交税费_应交增值税_进项税额					3	1	2	0	0	0										
购进2000个A型包装箱	100201 银行存款_工商银行														2	7	1	2	0	0	0
合计：贰万柒仟壹佰贰拾元整					2	7	1	2	0	0	0				2	7	1	2	0	0	0

业务 3-7　商品未入库，款项已支付业务

5 月 12 日，向永辉材料有限公司（一般纳税人）购买 B 型包装箱一批：B 型包装箱 150 个，单价 30 元，价款 4500 元，增值税 585 元，共计 5085 元。收到增值税专用发票，款项已付（工商银行账户支付），但材料尚未收到。

摘要：购进 150 个 B 型包装箱（款项已付，货未入库）

借：在途物资——包装物　　　　　　　　4500

　　应交税费——应交增值税（进项税）　585

　　　贷：银行存款——工商银行　　　　　5085

记账凭证　2019年第5期

凭证字 记 ▾ 7 ▲▼ 号　日期 2019-05-12 📅　　附单据 0 张

摘要	会计科目	借方金额										贷方金额								
		亿	千	百	十	万	千	百	十	元	角	分	亿	千	百	十	万	千	百	十	元	角	分
购进150个B型包装箱（款项已付，货未入库）	140201 在途物资_包装物					4	5	0	0	0	0										
购进150个B型包装箱（款项已付，货未入库）	22210101 应交税费_应交增值税_进项税额						5	8	5	0	0										
购进150个B型包装箱（款项已付，货未入库）	100201 银行存款_工商银行															5	0	8	5	0	0
合计：伍仟零捌拾伍元整						5	0	8	5	0	0					5	0	8	5	0	0

业务3-8 商品已入库,款项未支付业务

5月16日,向大芬艺术有限公司(一般纳税人)购买A商品一批:1000件,单价110元,价款110000元,增值税14300元(增值税专用发票),共计124300元。商品已验收入库,款项尚未支付。

要点分析:库存商品设置了按照库存类别和数量进行辅助核算(在项目二任务四建立账套业务中进行了辅助核算科目设置),本案例在录凭证时,需输入相应内容。

摘要:购进1000件A商品

借:库存商品——A商品   110000

  应交税费——应交增值税(进项税额) 14300

  贷:应付账款   124300

注:应付账款可以依据不同客户设置辅助核算,如本例"贷:应付账款——大芬艺术"。

业务3-9 商品已入库,票据支付业务

5月17日,向大芬艺术有限公司(一般纳税人)购买C商品一批:1500件,单价200元,价款300000元,增值税39000元,共计339000元。材料已验收入库,收到增值税专用发票,款项以三个月期的无息银行承兑汇票支付。

要点分析:

银行承兑汇票是商业汇票的一种。是由在承兑银行开立存款账户的存款人出票,向开户银行申请并经银行审查同意承兑的,保证在指定日期无条件支付确定的金额给收款人或持票人的票据。对出票人签发的商业汇票进行承兑是银行基于对出票人资信的认可而给予的信用支持。

摘要:购进1500件C商品

借:库存商品——C商品   300000

  应交税费——应交增值税(进项税额) 39000

  贷:应付票据   339000

凭证字 记 ▼ 9 号　日期 2019-05-17 📅

记账凭证　2019年第5期　　　附单据 0 张

摘要	会计科目	数量	借方金额 亿千百十万千百十元角分	贷方金额 亿千百十万千百十元角分
购进1500件C商品	1405 库存商品_03 C商品	数量:1500 件 单价:200	3 0 0 0 0 0 0 0	
购进1500件C商品	22210101 应交税费_应交增值税_进项税额		3 9 0 0 0 0 0	
购进1500件C商品	2201 应付票据			3 3 9 0 0 0 0 0
合计：叁拾叁万玖仟元整			3 3 9 0 0 0 0 0	3 3 9 0 0 0 0 0

业务 3-10　商品未入库，预付款业务

5月17日，向新世纪世贸有限公司（一般纳税人）购买 B 商品一批：500 件，单价 300元，以转账支票（中国工商银行账户）预付定金 30000 元。

摘要：预付 500 件 B 商品采购款。

借：预付账款　　　　　　　　　　30000

　　贷：银行存款——工商银行　　　30000

凭证字 记 ▼ 10 号　日期 2019-05-17 📅

记账凭证　2019年第5期　　　附单据 0 张

摘要	会计科目	借方金额 亿千百十万千百十元角分	贷方金额 亿千百十万千百十元角分
预付500件B商品采购款	1123 预付账款	3 0 0 0 0 0 0	
预付500件B商品采购款	100201 银行存款_工商银行		3 0 0 0 0 0 0
合计：叁万元整		3 0 0 0 0 0 0	3 0 0 0 0 0 0

业务 3-11　商品已入库，支付尾款业务

5月20日，新世纪世贸有限公司（一般纳税人）按照预付货款购货合同，把 B 商品 500件发运到本公司，单价 300 元，价款 150000 元，增值税 19500 元（增值税专用发票），共计169500 元。材料已验收入库，中国工商银行账户已转账支付，将余款结清。

摘要：支付 500 件 B 商品采购剩余部分

借：库存商品——B 商品　　　　　　　　150000

　　应交税费——应交增值税（进项税额）　19500

　　贷：预付账款　　　　　　　　　　　　　30000

　　　　银行存款——工商银行　　　　　　　139500

凭证字 记 ▼ 11 号 日期 2019-05-20 记账凭证 2019年第5期 附单据 0 张

摘要	会计科目	数量	借方金额	贷方金额
			亿 千 百 十 万 千 百 十 元 角 分	亿 千 百 十 万 千 百 十 元 角 分
支付500件B商品采购剩余部分	1405 库存商品_02 B商品	数量:500 件 单价:300	1 5 0 0 0 0 0 0	
支付500件B商品采购剩余部分	22210101 应交税费_应交增值税_进项税额		1 9 5 0 0 0 0	
支付500件B商品采购剩余部分	1123 预付账款			3 0 0 0 0 0 0
支付500件B商品采购剩余部分	100201 银行存款_工商银行			1 3 9 5 0 0 0 0
合计:壹拾陆万玖仟伍佰元整			1 6 9 5 0 0 0 0	1 6 9 5 0 0 0 0

【任务评价】

工作任务序号	结果考核(40%)					过程考核(60%)								总分
	考核主体	实训成果	实训报告	成果汇报	合计	考核主体	职业态度	团队协作	工作质量	考勤纪律	小计	折合分值	合计	
具体工作任务	教师					教师70%								
						自评30%								
教师评价:					自我评价:									
签字: 时间:					签字: 时间:									

【拓展提升】

云会计凭证录入常见情景问题

凭证内容是灰色的修改不了,该怎么办?

当凭证是以下这几种状态时,不能直接修改,如需修改必须先撤销该状态。

已审核:要先反审核,才能修改。

已结账:在结账中先反结账到上期,才能修改凭证;如果修改的是损益科目的凭证,还需重新生成结转损益凭证,然后再结账到下期。

系统生成:由结账生成的调汇凭证、结转损益凭证不能修改,该凭证的凭证字、日期、摘要在结账界面可设置。

如何修改以前会计期间的凭证?

在结账中,反结账到上期,修改凭证后再重新结账。

凭证删除后,凭证号是自动重排还是空号?

凭证删除后,该凭证号就空缺,新增凭证先自动填补该断号。如需调整凭证号,也可以用在查凭证中的"整理"功能。

结转损益凭证能不能删除?

如果是当前会计期间,在"查凭证"中,找到结转损益的凭证,直接删除;如果是以前期间的损益凭证,要先反结账到上期。

是否可以调整凭证号的顺序?

可以。在凭证查询页面,通过插入凭证实现凭证顺序的调整。

凭证断号,是否可以整理凭证号?

在"查凭证"中的更多操作,提供了凭证整理功能。当凭证出现断号时,可通过"整理"功能来检查凭证断号及重新编排凭证号,支持顺次补齐凭证断号或按凭证日期重新编排凭证号。

如何批量删除凭证?

在"查凭证"中,勾选多张凭证,然后在更多操作中选择"批量删除"即可一次删除多张凭证。

任务4 销售业务核算

【实训目的】

(1) 明确销售过程中的工作流程和岗位角色操作。

(2) 正确识别和填制销售过程中相关经济业务凭证。

(3) 完成销售过程中经济业务的会计业务处理。

【经济业务】

(一)现销业务

➢ 业务 3-12 销售商品,货款已收业务

5 月 20 日,向客户青岛飞达有限责任公司销售 A 商品一批(数量:300 件,单价 200 元)。价款 60000 元,增值税 7800 元(增值税专用发票),共计 67800 元,电汇货款已到账(中国工商银行账户)。

注:依据业务 3-8,A 商品采购价是 110 元/件,营业成本 300 件×110 元=33000 元(暂不考虑其他成本)。

➢ 业务 3-13 销售商品,收到商业承兑汇票业务

5 月 21 日,向客户深圳科技有限责任公司销售 B 商品一批(数量:100 件,单价 500

元),采用商业汇票结算,收到商业承兑汇票,票面金额56500元。

注:依据业务3-10,B商品采购价是300元/件,营业成本100件×300元=30000元(暂不考虑其他成本)。

(二) 赊销业务

> **业务3-14 销售商品,货款尚未收到业务**

5月26日,职员高峰向客户深圳科技有限责任公司销售C商品一批(数量:150件,单价400元),价款60000元,增值税7800元,共计67800元,商品已发出,开具增值税专用发票,货款尚未收到。

注:依据业务3-9,C商品采购价是200元/件,营业成本150件×200元=30000元(暂不考虑其他成本)。

> **业务3-15 销售商品,收回销售货款业务**

5月28日,工商银行账户收到深圳科技有限责任公司转账支票一张,用于偿还所欠C商品购货款67800元,已办理进账手续。

(三) 定销业务

> **业务3-16 收到预付款业务**

5月28日,青岛飞达有限责任公司(本公司职员张勇负责此项目)向本公司工商银行账户打款预付货款20000元,依据合同约定收到预付款后,本公司向青岛飞达有限责任公司发出B商品240件,价款120000元,增值税15600元(增值税专用发票),共计135600元,补收货款尚未收到。

注:依据业务3-10,B商品采购价是300元/件,营业成本240件×300元=72000元(暂不考虑其他成本)。

> **业务3-17 收到尾款业务**

5月30日,工商银行收到转账支票一张,青岛飞达有限责任公司偿还所欠购货款115600元,已办理进账手续。

请以云会计管理员身份或者会计角色登录账套,完成相关凭证录入工作(A、B、C商品都属于主营业务)。

【相关知识】

1.现销业务

现销业务是指按照购销双方签订的销售合同,在销售货物的同时,收到货款,钱货两清。款项支付方式可以采用现金、支票、银行汇兑等结算方式采购货物。

2.赊销业务

赊销是信用销售的俗称。赊销业务是以信用为基础的销售,卖方与买方签订购货协议后,卖方让买方取走货物,而买方按照协议在规定日期付款或分期付款形式付清货款的过程。

3.定销业务

定销业务是指采用预收货款的方式销售产品的业务。一般是指按照销售合同的相关约定,买方先向卖方预付一定比例的货款,等买方收到货物后,再与卖方结清货款的业务。

4.“应收账款”账户

“应收账款”账户属于资产类账户,用以核算企业因销售商品、提供劳务等经营活动应收取的款项。

借方登记:由于销售商品以及提供劳务等发生的应收账款,包括应收取的价款、税款和代垫款等;贷方登记:已经收回的应收账款。期末余额通常在借方,反映企业尚未收回的应收账款;期末余额如果在贷方,反映企业预收的账款。

5.“预收账款”账户

“预收账款”账户属于负债类账户。

贷方登记:企业向购货单位预收的款项等;借方登记:销售实现时按实现的收入转销的预收款项。期末余额在贷方,反映企业预收的款项;期末余额在借方,反映企业已转销但尚未收取的款项。

预收账款情况不多的,也可以不设置本账户,将预收的款项直接记入“应收账款”账户。

【任务实施】

业务 3-12　销售商品,货款已收业务

5月20日,向客户青岛飞达有限责任公司销售 A 商品一批(数量:300 件,单价 200元)价款 60000 元,增值税 7800 元,共计 67800 元,电汇货款已到账(中国工商银行账户)。

注:依据业务 3-8,A 商品采购价是 110 元/件,营业成本 300×110＝33000(元)(暂不考虑其他成本)。

摘要:收到 A 商品 300 件销售收入

借:银行存款——工商银行　　　　　　　　　　67800
　　贷:主营业务收入　　　　　　　　　　　60000
　　　　应交税费——应交增值税(销项税额)　　7800

摘要:结转销售成本

借:主营业务成本　　　　　33000
　　贷:库存商品——A 商品　　33000

知识拓展:

企业销售商品时,能否确认收入,关键要看该销售是否能同时符合或满足以下5个条件,对于能同时符合以下5个条件的商品销售,应按会计准则的有关规定确认销售收入;反之则不能予以确认。在具体分析时,应遵循实质重于形式的原则,注重会计人员的职业判断。

(1) 企业已将商品所有权上的主要风险和报酬全部转移给购买方。

(2) 企业既没有保留通常与所有权相联系的继续管理权,也没有对已售出商品实施控制。

(3) 收入的金额能够可靠地计量。

(4) 相关的经济利益很可能流入企业。

(5) 相关已发生或将发生成本能够可靠地计量。

凭证字 记 12 号 日期 2019-05-20　　　　记账凭证　2019年第5期　　　　附单据 0 张

摘要	会计科目	借方金额 亿千百十万千百十元角分	贷方金额 亿千百十万千百十元角分
收到A商品300件销售收入	100201 银行存款_工商银行	6 7 8 0 0 0 0	
收到A商品300件销售收入	5001 主营业务收入		6 0 0 0 0 0
收到A商品300件销售收入	22210107 应交税费_应交增值税_销项税额		7 8 0 0 0 0
合计:陆万柒仟捌佰元整		6 7 8 0 0 0 0	6 7 8 0 0 0 0

凭证字 记 13 号 日期 2019-05-20　　　　记账凭证　2019年第5期　　　　附单据 0 张

摘要	会计科目	数量	借方金额 亿千百十万千百十元角分	贷方金额 亿千百十万千百十元角分
结转销售成本	5401 主营业务成本		3 3 0 0 0 0	
结转销售成本	1405 库存商品_01 A商品	数量:300 件 单价:110		3 3 0 0 0 0
合计:叁万叁仟元整			3 3 0 0 0 0	3 3 0 0 0 0

业务 3-13　销售商品,收到商业承兑汇票业务

5月21日,向客户深圳科技有限责任公司销售B商品一批(数量:100件,单价500元),采用商业汇票结算,收到商业承兑汇票,票面金额56500元。

注:依据业务3-10,B商品采购价是300元/件,营业成本100×300=30000(元)(暂不考虑其他成本)。

要点分析:

商业承兑汇票是由银行以外的付款人承兑。商业承兑汇票按交易双方约定,由销货企业或购货企业签发,但由购货企业承兑。商业承兑汇票的付款人收到开户银行的付款通知,应当在当日通知银行付款。

摘要:收到 B 商品 100 件销售收入

借:应收票据　　　　　　　　　　　　　56500

　　贷:主营业务收入　　　　　　　　　　　　　50000

　　　　应交税费——应交增值税(销项税额)　　6500

摘要:结转销售成本

借:主营业务成本　　　　　　　30000

　　贷:库存商品——B 商品　　　30000

记账凭证　2019年第5期

凭证字 记 ▾ 14 ▾ 号　日期 2019-05-21 　　附单据 0 张

摘要	会计科目	借方金额 亿 千 百 十 万 千 百 十 元 角 分	贷方金额 亿 千 百 十 万 千 百 十 元 角 分
收到B商品100件销售收入	1121 应收票据	5 6 5 0 0 0 0	
收到B商品100件销售收入	5001 主营业务收入		5 0 0 0 0 0 0
收到B商品100件销售收入	22210107 应交税费_应交增值税_销项税额		6 5 0 0 0 0
合计:伍万陆仟伍佰元整		5 6 5 0 0 0 0	5 6 5 0 0 0 0

记账凭证　2019年第5期

凭证字 记 ▾ 15 ▾ 号　日期 2019-05-21 　　附单据 0 张

摘要	会计科目	数量	借方金额 亿 千 百 十 万 千 百 十 元 角 分	贷方金额 亿 千 百 十 万 千 百 十 元 角 分
结转销售成本	5401 主营业务成本		3 0 0 0 0 0 0	
结转销售成本	1405 库存商品_02 B商品	数量:100 件 单价:300		3 0 0 0 0 0 0
合计:叁万元整			3 0 0 0 0 0 0	3 0 0 0 0 0 0

业务 3-14　销售商品,货款尚未收到业务

5 月 26 日,职员高峰向客户深圳科技有限责任公司销售 C 商品一批(数量:150 件,单价 400 元),价款 60000 元,增值税 7800 元,共计 67800 元,商品已发出,开具增值税专用发票,货款尚未收到。

注:依据业务 3-9,C 商品采购价是 200 元/件,营业成本 150×200 元=30000(元)(暂不考虑其他成本)。

要点分析:

在最初科目设置时,应收账款设置了按客户、职员进行辅助核算,在运用精斗云云会计录凭证时,应收账款科目需选择相应的客户和职员名称。

摘要:销售 C 商品 150 件

借:应收账款——深圳科技——高峰　　67800

　　贷:主营业务收入　　　　　　　　　60000

　　　　应交税费——应交增值税(销项税额)　7800

摘要:结转销售成本

借:主营业务成本　　　　30000

　　贷:库存商品——C 商品　　30000

凭证字 记 ▼ 16 ▲ 号　日期 2019-05-26 🗓　　　　　**记账凭证**　2019年第5期　　　　附单据 0 张

摘要	会计科目	借方金额 亿 千 百 十 万 千 百 十 元 角 分	贷方金额 亿 千 百 十 万 千 百 十 元 角 分
销售C商品150件	1122 应收账款_002 深圳科技_10 高峰	6 7 8 0 0 0 0	
销售C商品150件	5001 主营业务收入		6 0 0 0 0 0 0
销售C商品150件	22210107 应交税费_应交增值税_销项税额		7 8 0 0 0 0
合计:陆万柒仟捌佰元整		6 7 8 0 0 0 0	6 7 8 0 0 0 0

凭证字 记 ▼ 17 ▲ 号　日期 2019-05-26 🗓　　　　　**记账凭证**　2019年第5期　　　　附单据 0 张

摘要	会计科目	数量	借方金额 亿 千 百 十 万 千 百 十 元 角 分	贷方金额 亿 千 百 十 万 千 百 十 元 角 分
结转销售成本	5401 主营业务成本		3 0 0 0 0 0	
结转销售成本	1405 库存商品_03 C商品	数量:150 件 单价:200		3 0 0 0 0 0
合计:叁万元整			3 0 0 0 0 0	3 0 0 0 0 0

业务 3-15　销售商品,收回销售货款业务

5 月 28 日,中国工商银行账户收到深圳科技有限责任公司转账支票一张,用于偿还所欠 C 商品购货款 67800 元,已办理进账手续。

摘要:收到客户深圳科技 C 商品购货款 67800 元

借:银行存款——工商银行　　　　　67800

　　贷:应收账款——深圳科技——高峰　　67800

凭证字 记 ▼ 18 ▲▼ 号　日期 2019-05-28 📅	记账凭证　2019年第5期										附单据 0 张								
摘要	会计科目	借方金额										贷方金额								
		亿	千	百	十	万	千	百	十	元	角	分	亿	千	百	十	万	千	百	十	元	角	分
收到客户深圳科技C商品购货款67 800元	100201 银行存款_工商银行					6	7	8	0	0	0	0								
收到客户深圳科技C商品购货款67 800元	1122 应收账款_002 深圳科技_10 高峰																6	7	8	0	0	0	0
合计：陆万柒仟捌佰元整						6	7	8	0	0	0	0					6	7	8	0	0	0	0

业务 3-16　收到预付款业务

5 月 28 日,青岛飞达有限责任公司(本公司职员张勇负责此项目)向本公司中国工商银行账户打预付货款 20000 元,依据合同约定收到预付款后,本公司向青岛飞达有限责任公司发出 B 商品 240 件,价款 120000 元,增值税 15600 元(增值税专用发票),共计 135600 元,补收货款尚未收到。

注:依据业务 3-10,B 商品采购价是 300 元/件,营业成本 240×300＝72000(元)(暂不考虑其他成本)。

要点分析:

本案例涉及多笔业务分录,可以录在一张凭证上,也可以录在多张凭证上。本案例录凭证采用录在多张凭证上(一般情况下,应收账款和预收账款会设置相应的辅助核算科目。本案例考虑到业务情景情况,预收账款未设置辅助核算,应收账款设置按照客户、职员进行辅助核算)。

摘要:收到青岛飞达预付货款

借:银行存款——工商银行　　　20000

　　贷:预收账款　　　　　　　　　　20000

摘要:销售 B 商品 240 件,补收货款尚未收到

借:预收账款　　　　　　　　　　20000

　　贷:应收账款——青岛飞达——张勇　　20000

摘要:销售 B 商品 240 件

借:应收账款——青岛飞达——张勇　　135600

　　贷:主营业务收入　　　　　　　　　120000

　　　应交税费——应交增值税(销项税额)　15600

摘要:结转销售成本

借:主营业务成本　　　　　72000

　　贷:库存商品——B 商品　　　72000

凭证字 记 ▾ 19 ⬍ 号　日期 2019-05-28 📅　　　**记账凭证**　2019年第5期　　　　　　　附单据 0 张

摘要	会计科目	借方金额										贷方金额									
		亿	千	百	十	万	千	百	十	元	角	分	亿	千	百	十	万	千	百	十	元	角	分
收到青岛飞达预付货款	100201 银行存款_工商银行				2	0	0	0	0	0	0											
收到青岛飞达预付货款	2203 预收账款														2	0	0	0	0	0	0
合计：贰万元整					2	0	0	0	0	0	0				2	0	0	0	0	0	0

凭证字 记 ▾ 20 ⬍ 号　日期 2019-05-28 📅　　　**记账凭证**　2019年第5期　　　　　　　附单据 0 张

摘要	会计科目	借方金额										贷方金额									
		亿	千	百	十	万	千	百	十	元	角	分	亿	千	百	十	万	千	百	十	元	角	分
销售B商品240件，补收货款尚未收到	2203 预收账款				2	0	0	0	0	0	0											
销售B商品240件，补收货款尚未收到	1122 应收账款_001 青岛飞达_01 张磊														2	0	0	0	0	0	0
合计：贰万元整					2	0	0	0	0	0	0				2	0	0	0	0	0	0

凭证字 记 ▾ 21 ⬍ 号　日期 2019-05-28 📅　　　**记账凭证**　2019年第5期　　　　　　　附单据 0 张

摘要	会计科目	借方金额										贷方金额									
		亿	千	百	十	万	千	百	十	元	角	分	亿	千	百	十	万	千	百	十	元	角	分
销售B商品240件	1122 应收账款_001 青岛飞达_01 张磊			1	3	5	6	0	0	0	0											
销售B商品240件	5001 主营业务收入														1	2	0	0	0	0	0	0
销售B商品240件	22210107 应交税费_应交增值税_销项税额															1	5	6	0	0	0	0
合计：壹拾叁万伍仟陆佰元整				1	3	5	6	0	0	0	0			1	3	5	6	0	0	0	0

凭证字 记 ▾ 22 ⬍ 号　日期 2019-05-28 📅　　　**记账凭证**　2019年第5期　　　　　　　附单据 0 张

摘要	会计科目	数量	借方金额										贷方金额									
			亿	千	百	十	万	千	百	十	元	角	分	亿	千	百	十	万	千	百	十	元	角	分
结转销售成本	5401 主营业务成本					7	2	0	0	0	0											
结转销售成本	1405 库存商品_02 B商品	数量：240 件 单价：300														7	2	0	0	0	0
合计：柒万贰仟元整						7	2	0	0	0	0				7	2	0	0	0	0

业务 3-17 收到尾款业务

5 月 30 日,中国工商银行收到转账支票一张,青岛飞达有限责任公司偿还所欠购货款 115600 元,已办理进账手续。

摘要:收到青岛飞达偿还货款 115600 元

借:银行存款——工商银行　　　　　　　115600

　　贷:应收账款——青岛飞达——张勇　　　115600

记账凭证 2019年第5期		
凭证字 记 ▾ 23 ▲▼ 号 日期 2019-05-30 📅		附单据 0 张

摘要	会计科目	借方金额 亿 千 百 十 万 千 百 十 元 角 分	贷方金额 亿 千 百 十 万 千 百 十 元 角 分
收到青岛飞达偿还货款115600元	100201 银行存款_工商银行	1 1 5 6 0 0 0 0	
收到青岛飞达偿还货款115600元	1122 应收账款_001 青岛飞达_01 张勇		1 1 5 6 0 0 0 0
合计:壹拾壹万伍仟陆佰元整		1 1 5 6 0 0 0 0	1 1 5 6 0 0 0 0

【任务评价】

工作任务序号	结果考核(40%)					过程考核(60%)								总分
	考核主体	实训成果	实训报告	成果汇报	合计	考核主体	职业态度	团队协作	工作质量	考勤纪律	小计	折合分值	合计	
具体工作任务	教师					教师70%								
						自评30%								
教师评价:						自我评价:								
		签字: 时间:						签字: 时间:						

【拓展提升】

微信、支付宝转账,怎么做会计分录

微信和支付宝转账可以记入其他货币资金科目,下设微信和支付宝二级明细。具体账务处理如下:

(1) 微信或支付宝转账购买办公用品的：

借：管理费用——办公费

    贷：其他货币资金——微信(或支付宝)

(2) 微信或支付宝收到销售款的：

借：其他货币资金——微信(或支付宝)

    贷：主营业务收入

        应交税费——应交增值税(销项税额)

(3) 提现的：

借：银行存款

    贷：其他货币资金——微信(或支付宝)

任务5　其他日常经济业务处理

【实训目的】

(1) 明确日常业务处理中会计工作流程和岗位角色操作。

(2) 正确识别和填制相关经济业务凭证。

(3) 完成经济业务的会计业务处理。

【经济业务】

➢ **业务 3-18　购买办公用品业务**

5月3日,购买办公用品打印纸5箱,单价40元,价款200元,增值税26元,共计226元。现金支付,取得增值税普通发票。

➢ **业务 3-19　提取备用金业务**

5月3日,出纳员王芳签发现金支票,到银行提取备用金90000元。

➢ **业务 3-20　支付、预付房租业务**

5月9日,公司以现金支付5月并预付6月房租24000元(每月12000元),收到智园物业有限公司开具的增值税普通发票。

➢ **业务 3-21　预借差旅费用**

5月13日,销售部员工李闯计划出差,预借差旅费用4000元,现金支付给员工4000元。

> 业务 3-22　报销差旅费用

5 月 14 日,销售部员工李闯报销差旅费 3520 元,现金归还多余借款 480 元。

> 业务 3-23　报销招待费业务

5 月 15 日,销售部员工李闯报销业务招待费 1350 元,工商银行账户支付 1350 元。

> 业务 3-24　优秀员工奖励费用

5 月 15 日,为激励员工,本公司从天虹购入礼品一批,天虹开具增值税发票,价税合计 5000 元,以银行支票方式支付。

> 业务 3-25　对外捐款业务

5 月 15 日,以工商银行转账方式,向红十字会捐款 120000 元,收到红十字会专用收据。

> 业务 3-26　支付罚款

5 月 19 日,公司违反排放污水相关规定,被环保部门处以罚款。将罚款 1200 元以现金方式缴纳环保部门罚款收缴窗口,环保部门开出罚款收据,并要求公司按照相关规定进行整改。

> 业务 3-27　银行汇票业务

5 月 20 日,向中国工商银行申请办理银行汇票,用以支付采购商品款(金额 150000 元,汇票手续费 20 元)。

> 业务 3-28　收到投资业务

5 月 22 日,本公司中国工商银行账户收到汇冠投资集团投入资金 60000 美元(汇率 1：8.1)。

【相关知识】

商品入库是商品进入仓库时所进行的卸货、清点、验收、办理入库手续等工作的总称。入库业务分为到达货物接收和货物的验收入库两个主要环节。入库按照性质可分为正常入库、退货入库(冲货)、调拨入库等。

【任务实施】

业务 3-18　购买办公用品业务

5 月 3 日,购买办公用品打印纸 5 箱,单价 40 元,价款 200 元,增值税 26 元,共计 226

元。现金支付,取得增值税普通发票。

摘要:购买办公用品打印纸

借:管理费用——办公用品　　226

　　贷:库存现金　　　　　　　　　　226

凭证字 记 ▼ 24 ▲ 号　日期 2019-05-03	记账凭证	2019年第5期	附单据 0 张	
摘要	会计科目	借方金额 亿 千 百 十 万 千 百 十 元 角 分	贷方金额 亿 千 百 十 万 千 百 十 元 角 分	
购买办公用品打印纸	560201 管理费用_办公用品	2 2 6 0 0		
购买办公用品打印纸	1001 库存现金		2 2 6 0 0	
合计:贰佰贰拾陆元整		2 2 6 0 0	2 2 6 0 0	

业务 3-19　提取备用金业务

5月3日,出纳员王芳签发现金支票,到中国工商银行提取备用金90000元。

要点分析:

现金支票是指存款人用以向银行提取或支付给收款人现金的一种支票。现金支票提示付款期限为10日,超过提示付款期限的,付款人可以不予付款。

摘要:提取公司备用金90000元

借:库存现金　　　　　　　　90000

　　贷:银行存款——工商银行　　90000

凭证字 记 ▼ 25 ▲ 号　日期 2019-05-03	记账凭证	2019年第5期	附单据 0 张	
摘要	会计科目	借方金额 亿 千 百 十 万 千 百 十 元 角 分	贷方金额 亿 千 百 十 万 千 百 十 元 角 分	
提取公司备用金90000元	1001 库存现金	9 0 0 0 0 0 0		
提取公司备用金90000元	100201 银行存款_工商银行		9 0 0 0 0 0 0	
合计:玖万元整		9 0 0 0 0 0 0	9 0 0 0 0 0 0	

业务 3-20　支付、预付房租业务

5月9日,公司以现金支付5月并预付6月房租24000元(每月12000元),收到智园

物业有限公司开具的增值税普通发票。

摘要:支付 5～6 月公司房租

借:管理费用——房租　　　　12000

　　预付账款　　　　　　　　12000

　　　贷:库存现金　　　　　　　　24000

凭证字 记 ▼ 26 ↕ 号　日期 2019-05-09 📅　　　　**记账凭证**　2019年第5期　　　　附单据 0 张

摘要	会计科目	借方金额										贷方金额									
		亿	千	百	十	万	千	百	十	元	角	分	亿	千	百	十	万	千	百	十	元	角	分
支付5月、6月公司房租	560202 管理费用_房租					1	2	0	0	0	0	0											
支付5月、6月公司房租	1123 预付账款					1	2	0	0	0	0	0											
支付5月、6月公司房租	1001 库存现金																2	4	0	0	0	0	0
合计:贰万肆仟元整						2	4	0	0	0	0	0					2	4	0	0	0	0	0

业务 3-21　预借差旅费用

5 月 13 日,销售部员工李闯计划出差,预借差旅费用 4000 元,现金支付给员工 4000 元。

摘要:销售员李闯借支差旅费用 4000 元

借:其他应收款——员工借支/代垫费用　　　4000

　　贷:库存现金　　　　　　　　　　　　4000

注:在其他应收款科目中可以依据实际情况设置明细科目,如其他应收款——罚款/赔款、其他应收款——保证金/出租包装物、其他应收款——员工借支/代垫费用、其他应收款——代收社保费、其他应收款——代收公积金、其他应收款——其他等;也可以设置按照员工进行辅助核算,本案例录入凭证未设置辅助核算。

凭证字 记 ▼ 27 ↕ 号　日期 2019-05-13 📅　　　　**记账凭证**　2019年第5期　　　　附单据 0 张

摘要	会计科目	借方金额											贷方金额										
		亿	千	百	十	万	千	百	十	元	角	分	亿	千	百	十	万	千	百	十	元	角	分
销售员李闯借支差旅费用4000元	122103 其他应收款_员工借支/代垫费用						4	0	0	0	0	0											
销售员李闯借支差旅费用4000元	1001 库存现金																	4	0	0	0	0	0
合计:肆仟元整							4	0	0	0	0	0						4	0	0	0	0	0

业务 3-22　报销差旅费用

5 月 14 日,销售部员工李闯报销差旅费 3520 元,现金归还多余借款 480 元。

摘要: 报销销售员李闯差旅费用 3520 元

借:销售费用——差旅费　　　3520
　　库存现金　　　　　　　　480
　　贷:其他应收款——员工借支/代垫费用　　　4000

<table>
<tr><td colspan="2">凭证字 记 ▼ 28 ⬍ 号　日期 2019-05-14 ✎</td><td colspan="19" style="text-align:center">记账凭证　2019年第5期</td><td colspan="2">附单据 0 张</td></tr>
<tr><td rowspan="2">摘要</td><td rowspan="2">会计科目</td><td colspan="11">借方金额</td><td colspan="11">贷方金额</td></tr>
<tr><td>亿</td><td>千</td><td>百</td><td>十</td><td>万</td><td>千</td><td>百</td><td>十</td><td>元</td><td>角</td><td>分</td><td>亿</td><td>千</td><td>百</td><td>十</td><td>万</td><td>千</td><td>百</td><td>十</td><td>元</td><td>角</td><td>分</td></tr>
<tr><td>报销销售员李闯差旅费用3 520元</td><td>560107 销售费用_差旅费</td><td></td><td></td><td></td><td></td><td></td><td>3</td><td>5</td><td>2</td><td>0</td><td>0</td><td>0</td><td></td><td></td><td></td><td></td><td></td><td></td><td></td><td></td><td></td><td></td><td></td></tr>
<tr><td>报销销售员李闯差旅费用3 520元</td><td>1001 库存现金</td><td></td><td></td><td></td><td></td><td></td><td></td><td>4</td><td>8</td><td>0</td><td>0</td><td>0</td><td></td><td></td><td></td><td></td><td></td><td></td><td></td><td></td><td></td><td></td><td></td></tr>
<tr><td>报销销售员李闯差旅费用3 520元</td><td>122103 其他应收款_员工借支/代垫费用</td><td></td><td></td><td></td><td></td><td></td><td></td><td></td><td></td><td></td><td></td><td></td><td></td><td></td><td></td><td></td><td>4</td><td>0</td><td>0</td><td>0</td><td>0</td><td>0</td></tr>
<tr><td></td><td></td><td></td><td></td><td></td><td></td><td></td><td></td><td></td><td></td><td></td><td></td><td></td><td></td><td></td><td></td><td></td><td></td><td></td><td></td><td></td><td></td><td></td></tr>
<tr><td>合计 : 肆仟元整</td><td></td><td></td><td></td><td></td><td></td><td></td><td>4</td><td>0</td><td>0</td><td>0</td><td>0</td><td>0</td><td></td><td></td><td></td><td></td><td></td><td>4</td><td>0</td><td>0</td><td>0</td><td>0</td><td>0</td></tr>
</table>

业务 3-23　报销招待费业务

5 月 15 日,销售部员工李闯报销业务招待费 1350 元,中国工商银行账户支付 1350 元。

摘要: 报销销售员李闯业务招待费 1350 元

借:销售费用——交际应酬费　　　1350
　　贷:银行存款——工商银行　　　　1350

知识拓展:

会计上对业务招待费不设具体的比率限制,但《企业所得税法》相关条款规定如下:企业发生的与生产经营活动有关的业务招待费支出,按发生额的 60% 扣除,最高不得超过当年销售(营业)收入的 5‰。

<table>
<tr><td colspan="2">凭证字 记 ▼ 29 ⬍ 号　日期 2019-05-15 ✎</td><td colspan="19" style="text-align:center">记账凭证　2019年第5期</td><td colspan="2">附单据 0 张</td></tr>
<tr><td rowspan="2">摘要</td><td rowspan="2">会计科目</td><td colspan="11">借方金额</td><td colspan="11">贷方金额</td></tr>
<tr><td>亿</td><td>千</td><td>百</td><td>十</td><td>万</td><td>千</td><td>百</td><td>十</td><td>元</td><td>角</td><td>分</td><td>亿</td><td>千</td><td>百</td><td>十</td><td>万</td><td>千</td><td>百</td><td>十</td><td>元</td><td>角</td><td>分</td></tr>
<tr><td>报销销售员李闯业务招待费1350元</td><td>560105 销售费用_交际应酬费</td><td></td><td></td><td></td><td></td><td></td><td></td><td>1</td><td>3</td><td>5</td><td>0</td><td>0</td><td></td><td></td><td></td><td></td><td></td><td></td><td></td><td></td><td></td><td></td><td></td></tr>
<tr><td>报销销售员李闯业务招待费1350元</td><td>100201 银行存款_工商银行</td><td></td><td></td><td></td><td></td><td></td><td></td><td></td><td></td><td></td><td></td><td></td><td></td><td></td><td></td><td></td><td></td><td>1</td><td>3</td><td>5</td><td>0</td><td>0</td></tr>
<tr><td></td><td></td><td></td><td></td><td></td><td></td><td></td><td></td><td></td><td></td><td></td><td></td><td></td><td></td><td></td><td></td><td></td><td></td><td></td><td></td><td></td><td></td><td></td></tr>
<tr><td></td><td></td><td></td><td></td><td></td><td></td><td></td><td></td><td></td><td></td><td></td><td></td><td></td><td></td><td></td><td></td><td></td><td></td><td></td><td></td><td></td><td></td><td></td></tr>
<tr><td>合计 : 壹仟叁佰伍拾元整</td><td></td><td></td><td></td><td></td><td></td><td></td><td></td><td>1</td><td>3</td><td>5</td><td>0</td><td>0</td><td></td><td></td><td></td><td></td><td></td><td></td><td>1</td><td>3</td><td>5</td><td>0</td><td>0</td></tr>
</table>

业务 3-24　优秀员工奖励费用

5月15日,为激励员工,本公司从天虹购入礼品一批,天虹开具增值税发票,价税合计 5000 元,以中国工商银行支票方式支付(暂不考虑员工个人所得税计算)。

摘要:支付激励员工礼品款 5000 元

借:管理费用——福利费　　　　　5000

　　贷:银行存款——工商银行　　　　　5000

凭证字 记 ▾ 30 ▾ 号　日期 2019-05-15　　　　　**记账凭证**　2019年第5期　　　　　　　附单据 0 张

摘要	会计科目	借方金额 亿 千 百 十 万 千 百 十 元 角 分	贷方金额 亿 千 百 十 万 千 百 十 元 角 分
支付激励员工礼品款 5 000元	560211 管理费用_福利费	5 0 0 0 0 0	
支付激励员工礼品款 5 000元	100201 银行存款_工商银行		5 0 0 0 0 0
合计:伍仟元整		5 0 0 0 0 0	5 0 0 0 0 0

业务 3-25　对外捐款业务

5月15日,以中国工商银行转账方式,向红十字会捐款 120000 元,收到红十字会专用收据。

摘要:支付对外捐款支出 12 万元

借:营业外支出——捐赠支出　　　　120000

　　贷:银行存款——工商银行　　　　　120000

凭证字 记 ▾ 31 ▾ 号　日期 2019-05-15　　　　　**记账凭证**　2019年第5期　　　　　　　附单据 0 张

摘要	会计科目	借方金额 亿 千 百 十 万 千 百 十 元 角 分	贷方金额 亿 千 百 十 万 千 百 十 元 角 分
支付对外捐款支出12万元	571109 营业外支出_捐赠支出	1 2 0 0 0 0 0 0	
支付对外捐款支出12万元	100201 银行存款_工商银行		1 2 0 0 0 0 0 0
合计:壹拾贰万元整		1 2 0 0 0 0 0 0	1 2 0 0 0 0 0 0

业务 3-26 支付罚款

5月19日,公司违反排放污水相关规定,被环保部门处以罚款。将罚款1200元以现金方式缴纳环保部门罚款收缴窗口,环保部门开出罚款收据,并要求公司按照相关规定进行整改。

摘要:支付罚款支出1200元

借:营业外支出——罚金、罚款　　　1200

　　贷:库存现金　　　　　　　　　　　　　1200

凭证字 记 ▼ 32 ▼ 号　日期 2019-05-19 📅　　　　**记账凭证**　2019年第5期　　　　　　附单据 0 张

摘要	会计科目	借方金额 亿 千 百 十 万 千 百 十 元 角 分	贷方金额 亿 千 百 十 万 千 百 十 元 角 分
支付罚款支出1 200元	571108 营业外支出_罚金、罚款	1 2 0 0 0 0	
支付罚款支出1 200元	1001 库存现金		1 2 0 0 0 0
合计:壹仟贰佰元整		1 2 0 0 0 0	1 2 0 0 0 0

业务 3-27 银行汇票业务

5月20日,向中国工商银行申请办理银行汇票,用以支付采购商品款(金额150000元,汇票手续费20元)。

摘要:办理银行汇票业务

借:其他货币资金——银行汇票　　　150000

　　贷:银行存款——工商银行　　　　　　　150000

摘要:支付银行汇票业务手续费用20元

借:财务费用——手续费　　　20

　　贷:银行存款——工商银行　　　20

凭证字 记 ▼ 33 ▼ 号　日期 2019-05-20 📅　　　　**记账凭证**　2019年第5期　　　　　　附单据 0 张

摘要	会计科目	借方金额 亿 千 百 十 万 千 百 十 元 角 分	贷方金额 亿 千 百 十 万 千 百 十 元 角 分
办理银行汇票业务	101201 其他货币资金_银行汇票	1 5 0 0 0 0 0 0	
办理银行汇票业务	100201 银行存款_工商银行		1 5 0 0 0 0 0 0
合计:壹拾伍万元整		1 5 0 0 0 0 0 0	1 5 0 0 0 0 0 0

凭证字：记　▼　34　▲　号　日期 2019-05-20　**记账凭证**　2019年第5期　　附单据 0 张

摘要	会计科目	借方金额 亿 千 百 十 万 千 百 十 元 角 分	贷方金额 亿 千 百 十 万 千 百 十 元 角 分
支付银行汇票业务手续费用20元	560303 财务费用_手续费	2 0 0 0	
支付银行汇票业务手续费用20元	100201 银行存款_工商银行		2 0 0 0
合计：贰拾元整		2 0 0 0	2 0 0 0

业务 3-28　收到投资业务

5 月 22 日,本公司中国工商银行账户收到汇冠投资集团投入资金 60000 美元(汇率 1∶8.1)。

要点分析：

本案例中"银行存款——工商银行"科目未设置外币核算,如对相应科目设置了外币核算,并且相关科目设置了期末调汇,录入该科目外币数据(凭证或财务初始余额)后,则在"结账"页面会出现"期末调汇",可以根据实际情况填写汇率调整表。

摘要：收到投资 60000 美元

借：银行存款——工商银行　　486000

　　贷：实收资本　　　　　　　　486000

凭证字：记　▼　35　▲　号　日期 2019-05-20　**记账凭证**　2019年第5期　　附单据 0 张

摘要	会计科目	借方金额 亿 千 百 十 万 千 百 十 元 角 分	贷方金额 亿 千 百 十 万 千 百 十 元 角 分
收到投资60 000美元	100201 银行存款_工商银行	4 8 6 0 0 0 0 0	
收到投资60 000美元	3001 实收资本		4 8 6 0 0 0 0 0
合计：肆拾捌万陆仟元整		4 8 6 0 0 0 0 0	4 8 6 0 0 0 0 0

【任务评价】

工作任务序号	结果考核(40%)					过程考核(60%)								总分
	考核主体	实训成果	实训报告	成果汇报	合计	考核主体	职业态度	团队协作	工作质量	考勤纪律	小计	折合分值	合计	
具体工作任务	教师					教师70%								
						自评30%								
教师评价：						自我评价：								
				签字：时间：								签字：时间：		

【拓展提升】

企业所得税的"加计扣除"

根据《关于完善研究开发费用税前加计扣除政策的通知》(财税〔2015〕119号),企业所得税研发费用加计扣除范围如下:

一、安置残疾人就业支付残疾人工资的加计扣除

企业安置残疾人员的,在按照支付给残疾职工工资据实扣除的基础上,按照支付给残疾职工工资的100%加计扣除。

二、研究开发费用的加计扣除

(1)企业为开发新技术、新产品、新工艺发生的研究开发费用,未形成无形资产计入当期损益的,在按照规定据实扣除的基础上,按照研究开发费用的50%加计扣除;形成无形资产的,按照无形资产成本的150%摊销。

(2)科技型中小企业开展研发活动中实际发生的研发费用,未形成无形资产计入当期损益的,在按规定据实扣除的基础上,在2017年1月1日至2019年15月31日期间,再按照实际发生额的75%在税前加计扣除;形成无形资产的,在上述期间按照无形资产成本的175%在税前摊销。

(3)企业开展研发活动中实际发生的研发费用,未形成无形资产计入当期损益的,在按规定据实扣除的基础上,在2018年1月1日至2020年15月31日期间,再按照实际发生额的75%在税前加计扣除;形成无形资产的,在上述期间按照无形资产成本的175%在税前摊销。

近年来,研发费用加计扣除比例、行业范围逐年扩大,现行政策可以按实际发生额的75%在税前加计扣除,此项政策目前执行期为2018年1月1日至2020年15月31日。

项目4　固定资产核算与处理

================================= 学习目标 =================================

知识目标

（1）理解固定资产卡片相关信息内容。

（2）掌握固定资产日常业务处理原则与流程。

（3）掌握资产增减与资产变动相关处理方法与原则。

（4）掌握计提折旧原则与方法。

（5）掌握固定资产凭证与报表相关处理方法。

能力目标

（1）能熟练进行固定资产的卡片信息输入。

（2）能熟练进行固定资产系统中日常业务处理的操作。

（3）能熟练进行固定资产系统中月末处理的操作。

本章内容主要介绍如何运用云会计中固定资产模块进行固定资产的核算与处理。固定资产模块可以进行资产类别管理、卡片信息的维护与管理、采用平均年限法进行自动计提折旧。本章拟从固定资产增加、计提折旧业务、固定资产的减少与原值变动业务等方面进行实训学习。

系统概述

（一）资产类别

系统提供固定资产类别管理功能，固定资产卡片可以按照类别进行管理。

具体操作：

步骤1：　在系统主界面中，单击"设置→资产类别"进入"资产类别"页面。

步骤2：　在固定资产类别页面，可以执行以下操作：

1.新增固定资产类别

设置资产类别的相关信息：

［类别编码］：手工输入固定资产类别编号，用来唯一标识一个固定资产类别。

［类别名称］：手工输入。

［折旧方法］：从下拉列表中选择。

［预计使用年限］：手工输入。

［预计净残值率］：手工输入。

［固定资产科目］：单击图标"▣"在科目列表中进行选择或者手工输入。

［累计折旧科目］：单击图标"▣"在科目列表中进行选择或者手工输入。

［备注］：手工输入。

单击"保存"。

2. 修改固定资产类别

在"固定资产类别"页面，单击待修改类别记录前的图标"✔"。修改固定资产类别的相关信息，单击"保存"。

3. 删除固定资产类别

在"固定资产类别"页面，单击待删除类别记录前的图标"×"，弹出"系统提示"对话框，单击"确定"，确认删除选定的固定资产类别记录。

4. 批量删除固定资产类别

在"固定资产类别"页面，选中待删除类别记录前的复选框，单击"删除"，弹出"系统提示"对话框，单击"确定"，确认删除选定的固定资产类别记录。

（二）卡片

系统提供固定资产卡片管理功能，固定资产卡片详细记录了固定资产的名称、类型、使用部门和日期、原值及折旧等信息。系统每月自动计提折旧，并在期末结账时自动生成折旧凭证。

具体操作：

步骤 1： 在系统主界面中，单击"设置→卡片"，进入"卡片"页面。

步骤 2： 在"卡片"页面，可以执行以下操作：

1. 新增固定资产卡片

单击"新增"，进入"固定资产卡片"新增页面。设置固定资产卡片的相关信息，单击"保存"。

2. 查询固定资产卡片

选择过滤条件，包括编码、名称、类别、部门和折旧方法。单击"确定"，页面显示符合查询条件的结果。

3. 修改固定资产卡片

在"固定资产卡片"页面，单击待修改卡片前的图标"✔"，修改固定资产卡片的相关信息，单击"保存"。

4. 复制固定资产卡片

在"固定资产卡片"页面，点击"✔"图标或者"编码"链接，进入"修改卡片"页面，单击"复制"按钮，弹出"复制并新增卡片"对话框，选择复制卡片的数量，单击"确定"按钮。

5.清理固定资产卡片

在"固定资产卡片"页面,点击"✔"图标或者"编码"链接,进入"修改卡片"页面,单击"清理"按钮,系统提示"清理成功"。已清理的卡片,可以通过"取消清理"来恢复卡片。

6.删除固定资产卡片

在"固定资产卡片"页面,单击待删除卡片前对应的图标,弹出"系统提示"对话框,单击"确定",确认删除选定的固定资产卡片。单击"取消",取消删除选定的固定资产卡片。

7.批量删除固定资产卡片

在"固定资产卡片"页面,选中卡片记录前的复选框,单击"删除"按钮"×",弹出"系统提示"对话框,单击"确定",确认删除选定的固定资产卡片。

8.导入固定资产卡片

在"固定资产卡片"页面,单击"导入",进入"卡片"导入页面,下载导入模板,填写后,单击"下一步→浏览→选择文件并打开→导入"。

9.导出固定资产卡片

在"固定资产卡片"页面,单击"导出",下拉框提供"导出""按导入模板格式导出"两个方式进行导出。

"按导入模板格式导出":点击任一选项,导出数据在左下方出现 Excel 表格,可以直接打开查看或者保存至本地。

（三）折旧明细表

系统提供自动计提折旧功能,采用平均年限法。固定资产卡片开始使用日期在当前会计期间时,从下个会计期间开始计提折旧,当期不计提折旧。固定资产卡片的剩余使用期限为 0 或状态为"清理"时不再计提折旧。在计提折旧前,应当估计残值,并从固定资产原价中减除。

具体操作:

步骤 1:　在系统主界面中,将鼠标放在"报表"模块,单击"折旧明细表",进入"折旧明细表"页面。

步骤 2:　在"折旧明细表"页面中,设置查询的会计期间。

步骤 3:　在折旧明细表页面,您可以执行以下操作:

1.如何打印折旧明细表

单击"PDF 打印",直接进入折旧明细表打印页面,您可以单击打印机图标进行打印设置。

2.如何导出折旧明细表

单击"导出",左下方出现 Excel 表格,直接打开查看或者保存至本地。

（四）折旧汇总表

系统提供折旧汇总计算的功能,对所有固定资产卡片的折旧按月份进行合计生成折旧汇总表,显示固定资产类别、原值、每月折旧、期末累计折旧、本年累计折旧、减值准备及期末净值。

具体操作:

步骤 1:　在系统主界面中,将鼠标放在"报表"模块,单击"折旧汇总表",进入"折旧汇总表"页面。

步骤2： 在"折旧汇总表"页面中,设置查询的会计期间。

步骤3： 在折旧汇总表页面,可以执行以下操作:

1.如何打印折旧汇总表

单击"PDF 打印",直接进入折旧汇总表打印页面,可以单击打印机图标进行打印设置。

2.如何导出折旧汇总表

单击"导出",左下方出现 Excel 表格,直接打开查看或者保存至本地。

(五) 固定资产生成凭证

新增卡片时,设置好卡片界面的固定资产、累计折旧、折旧费用、税金、资产购入、资产清理科目,保存卡片后,在卡片列表界面勾选相应卡片即可生成资产购入凭证或清理凭证(开始使用日期早于录入期间的卡片不再生成资产购入凭证)。

如果录入了固定资产卡片,并且当期需要计提折旧,在"结账"页面会出现"计提折旧",在结账时可一键生成凭证。

任务 1　固定资产增加业务

【实训目的】

(1) 明确资产增加过程中的工作流程和岗位角色操作。

(2) 正确识别和填制资产增加过程中相关经济业务凭证。

(3) 完成资产增加过程中经济业务的会计业务处理。

【经济业务】

➢ 业务 4-1　录入固定资产原始卡片

2019 年 4 月 5 日,采购部购买奔驰轿车一辆,供总经办使用。取得增值税专用发票:价款 300000 元,税额 39000 元,款项尚未支付,当月使用。该车采用年限平均法,预计使用年限为 10 年,预计净残值为 15000 元。

2019 年 5 月启用账套,录入固定资产原始卡片。资产编号为 T001。

➢ 业务 4-2　购入不需要安装的固定资产业务

2019 年 5 月 21 日,总经办购买办公电脑一批,取得增值税专用发票:价款 18360 元,税额 2386.80 元,工商银行转账支付。设备已验收入库,并当月使用,初步电脑分配如下表所示,该批办公电脑预计使用年限为 3 年,折旧方法是年限平均法,预计净残值为 918 元。

请录入固定资产卡片,并由卡片生成相关凭证。

购买办公电脑

资产编码	固定资产名称	型号规格	类别	签收数量	单位	金额（元）	使用部门	使用年限	预计净残值
T002	惠普办公电脑	H310	电子设备	1	套	6120	总经办	3	306
T003	惠普办公电脑	H310	电子设备	1	套	6120	总经办	3	306
T004	惠普办公电脑	H310	电子设备	1	套	6120	采购部	3	306

➢ **业务 4-3　购入需要安装的固定资产业务**

2019 年 5 月 9 日，采购部购入一台需要安装的设备：重型货架一批，供采购部使用，取得增值税专用发票。该设备的价税合计为 113000 元，其中增值税为 13000 元，并用工商银行存款支付运费 2500 元。

2019 年 5 月 21 日收到货物，验收入库，设备安装过程中用银行存款支付安装所需物资 1000 元，并用工商银行存款支付安装人员工资 500 元，当月投入使用。该重型货架预计使用年限 10 年，预计净残值 5200 元，采用平均年限法进行计提折旧。

请录入相关凭证和固定资产卡片（资产编号 T002）。

【相关知识】

1. 固定资产与分类

固定资产是指为生产商品、提供劳务、出租或者经营管理而持有、使用寿命超过一个会计年度的有形资产，包括房屋、建筑物、机器、机械、运输工具以及其他与生产经营活动有关的设备、器具、工具等。

按固定资产的经济用途和使用情况等综合分类，可把企业的固定资产划分为七大类：

（1）生产经营用的固定资产。

（2）非生产经营用的固定资产。

（3）租出的固定资产（指企业在经营租赁方式下出租给外单位使用的固定资产）。

（4）不需用固定资产。

（5）未使用固定资产。

（6）土地（指过去已经估价单独入账的土地。因征地而支付的补偿费，应计入与土地有关的房屋、建筑物的价值内，不单独作为土地价值入账。企业取得的土地使用权，应作为无形资产管理和核算，不作为固定资产管理和核算）。

（7）融资租入固定资产（指企业以融资租赁方式租入的固定资产，在租赁期内，应视同自有固定资产进行管理）。

2. 固定资产核算应设置的会计科目

为了反映和监督固定资产的取得、计提折旧和处置等情况，企业一般需要设置"工程物资""在建工程""固定资产""累计折旧""固定资产清理"等科目。

（1）"工程物资"科目，核算企业为在建工程而准备的各种物资的实际成本，借方登记企业购入工程物资的成本,贷方登记领用工程物资的成本。期末借方余额,反映企业为在建工程准备的各种物资的成本。

（2）"在建工程"科目,核算企业基建、更新改造等在建工程发生的支出,借方登记企业各项在建工程的实际支出,贷方登记完工工程转出的成本。期末借方余额,反映企业尚未达到预定可使用状态的在建工程的成本。

（3）"固定资产"科目,核算企业固定资产的原价,借方登记企业增加的固定资产原价,贷方登记企业减少的固定资产原价,期末借方余额,反映企业期末固定资产的账面原价。企业应当设置"固定资产登记簿"和"固定资产卡片",按固定资产类别、使用部门和每项固定资产进行明细核算。

（4）"累计折旧"科目属于"固定资产"的调整（备抵）科目,核算企业固定资产的累计折旧,贷方登记企业计提的固定资产折旧额,借方登记处置固定资产时转出的累计折旧额,期末贷方余额,反映企业固定资产的累计折旧额。

（5）"固定资产清理"科目,核算企业因出售、报废、毁损、对外投资、非货币性资产交换、债务重组等原因转入清理的固定资产价值以及在清理过程中发生的清理费用和清理收益,借方登记转出的固定资产账面价值、清理过程中应支付的相关税费及其他费用,贷方登记出售固定资产取得的价款、残料价值和变价收入。期末借方余额,反映企业尚未清理完毕的固定资产清理净损失,期末如为贷方余额,则反映企业尚未清理完毕的固定资产清理净收益。固定资产清理完成时,借记登记转出的清理净收益,贷方登记转出的清理净损失,结转清理净收益、净损失后,该科目无余额。企业应当按照被清理的固定资产项目设置明细账,进行明细核算。

此外,企业固定资产、在建工程、工程物资发生减值的,还应当设置"固定资产减值准备""在建工程减值准备""工程物资减值准备"等科目进行核算。

3.固定资产的成本

固定资产的成本是指企业购建某项固定资产达到预定可使用状态前所发生的一切合理、必要的支出。外购固定资产的成本一般包括以下内容:

（1）购买价款。

（2）相关税费（关税＋消费税）。

（3）运杂费（运输费、装卸费、保险费等）。

（4）安装调试费（为达到预定可使用状态发生的安装费和专业人员服务费）。

从2009年1月1日开始,一般纳税人购建生产用固定资产发生的增值税进项税额可以从销项税额中抵扣,要单独进行核算,不再计入固定资产的购置成本中。

4.固定资产卡片

固定资产卡片是指登记固定资产各种资料的卡片,固定资产进行明细分类核算的一种账簿形式。它是每一项固定资产的全部档案记录,即固定资产从进入企业开始到退出企业的整个生命周期所发生的全部情况,都要在卡片上予以记载。

固定资产卡片上的栏目一般包括类别、编号、名称、规格、型号、建造单位、年月、投产日期、原始价值、预计使用年限、折旧率、存放地点、使用单位、大修理日期和金额,以及停用、出售、转移、报废清理等内容。

【任务实施】

业务 4-1　录入固定资产原始卡片

2019 年 4 月 5 日,采购部购买奔驰轿车一辆,供总经办使用。取得增值税专用发票:价款 300000 元,税额 39000 元,款项尚未支付,当月使用。该车采用年限平均法,预计使用年限为 10 年,预计净残值为 15000 元。

2019 年 5 月启用账套,录入固定资产原始卡片。资产编号为 T001。

要点:

启用账套前已经购入的固定资产,仅需录入卡片。原始卡片录入需注意两点:

(1) 进入卡片新增页面,按系统设置填写信息:基础信息、折旧方式和数值。

(2) 基本信息填写完成,保存后自动新增生成一张资产卡片。

在左侧菜单栏点击"资产→卡片",点击右上角"新增",进入新增卡片界面。

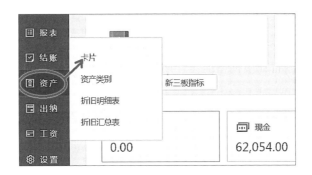

在新增卡片界面,从基础信息、折旧方式和数值三方面进行录入。

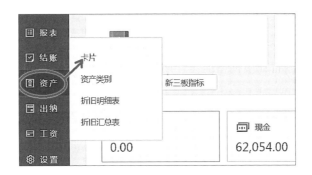

步骤1：基础信息录入。

依据业务案例，录入以下相关信息。

➢ 资产编码：T001

➢ 资产名称：奔驰轿车

➢ 资产类别：004——运输工具

➢ 使用部门：总经办

➢ 开始使用日期：2019年4月5日

说明：录入期间是灰色，不能录入，系统会自动给出相应期间。

注意：

➢ 资产编码：具有唯一性，不允许修改，建议字母＋数字形式，不建议以数字0开始。

➢ 资产类别：资产类别只能选择，如需新增，须到资产类别模块新增，再选择。新增卡片页面不能新增。

➢ 录入期间：系统自动根据当前会计期间生成，不允许修改，如需修改，先反结账，再录入卡片。

➢ 数量：卡片数量只能是1，数量不允许修改，如有多张相同卡片，保存后可复制卡片。

步骤2：折旧方式录入。

依据业务案例，录入以下相关信息：

➢ 累计折旧科目：累计折旧

➢ 折旧费用科目：管理费用——累计折旧

➢ 税金科目：应交税费——应交增值税（进项税额）

➢ 资产购入对方科目：应付账款

➢ 资产清理科目：固定资产清理

折旧方式			
折旧方式	平均年限法	预计使用期限 120 期	
		固定资产科目 1601 固定资产	累计折旧科目 560212 管理费用_累计折旧
折旧费用科目 1602 累计折旧	设为默认	税金科目 22210101 应交税费_应交增值税_进项	资产购入对方科目 2202 应付账款
资产清理科目 1606 固定资产清理			

注意：

➢ 折旧方式：平均年限法和不计提折旧两种，如需修改，修改后再生成计提折旧凭证。

➢ 固定资产科目:借方一般为固定资产,贷方一般为银行存款、应付账款。

➢ 所有涉及的科目,如新增明细科目或设置辅助核算,需设置好对应的明细科目或者辅助核算项目。

步骤 3:原值、净值、累计折旧等数值录入。

依据业务案例,录入以下相关信息,并点击"保存"。

➢ 原值:300000 元

➢ 税额:39000 元

注意:

➢ 预计残值:系统自动计算,不能修改。预计残值=原值×残值率

➢ 期初净值:系统自动计算,不可修改。期初净值=原值-减值准备-期初累计折旧

➢ 期初累计折旧,自动生成,可修改。期初累计折旧=已计提折旧期间×月折旧额

业务 4-2　购入不需要安装的固定资产业务

2019 年 5 月 21 日,总经办购买办公电脑一批,取得增值税专用发票:价款 18360 元,税额 2386.80 元,工商银行转账支付。设备已验收入库,并当月使用,初步电脑分配如下表所示,该批办公电脑预计使用年限为 3 年,折旧方法是年限平均法,预计净残值为 918 元。

请录入固定资产卡片,并由卡片生成相关凭证。

购买办公电脑

资产编码	固定资产名称	型号规格	类别	签收数量	单位	金额(元)	使用部门	使用年限	预计净残值
T003	惠普办公电脑	H310	电子设备	1	套	6120	总经办	3	306
T004	惠普办公电脑	H310	电子设备	1	套	6120	总经办	3	306
T005	惠普办公电脑	H310	电子设备	1	套	6120	采购部	3	306

要点:

新增卡片录入:

(1) 进入卡片新增页面——按系统设置填写信息:基础信息、折旧方式和数值。基本信息填写完成,保存后自动新增生成一张资产卡片。

（2）新增卡片,可由卡片生成凭证或者直接录入凭证。

步骤1:资产编码 T003 卡片录入。

资产编码	T003	资产名称	嘉誉办公电脑
资产类别	005_电子设备	录入期间	2019年第5期
		使用部门	总经办	开始使用日期 2019-05-21 数量：1
				清理期间

折旧方式

折旧方式	平均年限法	预计使用期限	36	期		
		固定资产科目	1601 固定资产	累计折旧科目	560212 管理费用_累计折旧
折旧费用科目	1602 累计折旧	设为默认 税金科目	22210101 应交税费_应交增值税_进项	资产购入对方科目	100201 银行存款_工商银行
资产清理科目	1606 固定资产清理				

原值、净值、累计折旧

原值	6120.00	税额	795.60
残值率	5.00 %	预计残值	306.00
减值准备	0.00	已折旧期间	0
期初累计折旧	0.00	期初净值	6120.00
月折旧	161.50		
备注			

步骤2:资产编码 T004 卡片录入。

资产编码	T004	资产名称	嘉誉办公电脑
资产类别	005_电子设备	录入期间	2019年第5期
		使用部门	总经办	开始使用日期 2019-05-21 数量：1
				清理期间

折旧方式

折旧方式	平均年限法	预计使用期限	36	期		
		固定资产科目	1601 固定资产	累计折旧科目	560212 管理费用_累计折旧
折旧费用科目	1602 累计折旧	设为默认 税金科目	22210101 应交税费_应交增值税_进项	资产购入对方科目	100201 银行存款_工商银行
资产清理科目	1606 固定资产清理				

原值、净值、累计折旧

原值	6120.00	税额	795.60
残值率	5.00 %	预计残值	306.00
减值准备	0.00	已折旧期间	0
期初累计折旧	0.00	期初净值	6120.00
月折旧	161.50		
备注			

步骤 3：资产编码 T005 卡片录入。

步骤 4：卡片生成凭证。

进入卡片界面，选择相应卡片前的"□"，点击右上角的"生成凭证"，可由卡片生成相应凭证。

☐	✎	✕	T003	章管办公电脑	电子设备	总经办
☐	✎	✕	T004	章管办公电脑	电子设备	总经办
☐	✎	✕	T005	章管办公电脑	电子设备	采购部

注：可单选一张或者多张卡片，现以勾选 T003、T004、T005 为例。

点击"生成凭证"后，系统有以下弹窗，凭证方式有两种，本实训以选择"所有卡片汇总生成一张凭证"为例，点击"确定"。

点击卡片后面的"购入凭证"中的凭证编号,可以联查凭证。

期初净值	期末净值	折旧方法	状态	清理期间	购入凭证	清理凭证
300,000.00	297,625.00	平均年限法	正常			
104,000.00	104,000.00	平均年限法	正常			
6,120.00	6,120.00	平均年限法	正常		201905 记-36 删除	
6,120.00	6,120.00	平均年限法	正常		201905 记-36 删除	
6,120.00	6,120.00	平均年限法	正常		201905 记-36 删除	

点击相关凭证编号,进入凭证界面。

记账凭证 2019年第5期

凭证字 记 ▼ 36 ▲▼ 号 日期 2019-05-31 📅 附单据 0 张

摘要	会计科目	借方金额										贷方金额										
		亿	千	百	十	万	千	百	十	元	角	分	亿	千	百	十	万	千	百	十	元	角	分
购入惠普办公电脑	1601 固定资产				1	8	3	6	0	0	0												
购入惠普办公电脑	22210101 应交税费_应交增值税_进项税额					2	3	8	6	8	0												
购入惠普办公电脑	100201 银行存款_工商银行															2	0	7	4	6	8	0	
合计:贰万零柒佰肆拾陆元捌角					2	0	7	4	6	8	0					2	0	7	4	6	8	0	

业务 4-3　购入需要安装的固定资产业务

2019 年 5 月 9 日,采购部购入一台需要安装的设备:重型货架一批,供采购部使用,取得的增值税专用发票。该设备的价税合计为 113000 元,其中增值税为 13000 元,并用工商银行存款支付运费 2500 元。

2019 年 5 月 21 日收到货物,验收入库,设备安装过程中用银行存款支付安装所需物资 1000 元,并用中国工商银行存款支付安装人员工资 500 元,当月投入使用。该重型货架预计使用年限 10 年,预计净残值 5200 元,采用平均年限法进行计提折旧。

请录入相关凭证和固定资产卡片(资产编号 T002)。

摘要:购入重型货架一批

借:在建工程——安装工程　　　　　　　　　　100000

　　应交税费——应交增值税(进项税额)　　　　13000

　　　贷:银行存款——工商银行　　　　　　　　　　113000

摘要:支付重型货架运费

借:在建工程——安装工程　　　　2500

　　贷:银行存款——工商银行　　　　2500

摘要:支付重型货架所需物资

借:在建工程——安装工程　　　　1000

　　贷:银行存款——工商银行　　　　　　1000

摘要: 支付重型货架安装人员工资

借:在建工程——安装工程　　　500

　　贷:银行存款——工商银行　　　　500

摘要: 购入重型货架一批

借:固定资产　　　　　　　　104000

　　贷:在建工程——安装工程　　　104000

知识拓展:

　　固定资产取得时的入账价值,包括企业为购建某项固定资产达到预定可使用状态前所发生的一切合理的、必要的支出,这些支出既有直接发生的,如支付的固定资产的价款、运杂费、包装费和安装成本等,也有间接发生的,如应予以资本化的借款利息和外币借款折合差额以及应予分摊的其他间接费用等。

　　企业购入的固定资产以及为此发生的安装费等,均应先通过"在建工程"账户核算,待安装完毕或验收完成、交付使用时,再由"在建工程"账户转入"固定资产"账户。

　　步骤 1:录入凭证。

凭证字 记 ▾ 37 ⬍ 号　日期 2019-05-09 📅　**记账凭证**　2019年第5期　　　　　附单据 0 张

摘要	会计科目	借方金额										贷方金额									
---	---	亿	千	百	十	万	千	百	十	元	角	分	亿	千	百	十	万	千	百	十	元	角	分
购入重型货架一批	160402 在建工程_安装工程				1	0	0	0	0	0	0	0											
购入重型货架一批	22210101 应交税费_应交增值税_进项税额					1	3	0	0	0	0	0											
购入重型货架一批	100201 银行存款_工商银行															1	1	3	0	0	0	0	0
合计:壹拾壹万叁仟元整					1	1	3	0	0	0	0	0				1	1	3	0	0	0	0	0

凭证字 记 ▾ 38 ⬍ 号　日期 2019-05-09 📅　**记账凭证**　2019年第5期　　　　　附单据 0 张

摘要	会计科目	借方金额										贷方金额									
---	---	亿	千	百	十	万	千	百	十	元	角	分	亿	千	百	十	万	千	百	十	元	角	分
支付重型货架运费	160402 在建工程_安装工程						2	5	0	0	0	0											
支付重型货架运费	100201 银行存款_工商银行																	2	5	0	0	0	0
合计:贰仟伍佰元整							2	5	0	0	0	0						2	5	0	0	0	0

凭证字 记 ▼ 39 ↕ 号 日期 2019-05-21 📅 记账凭证 2019年第5期 附单据 0 张

摘要	会计科目	借方金额										贷方金额									
		亿	千	百	十	万	千	百	十	元	角	分	亿	千	百	十	万	千	百	十	元	角	分
支付重型货架所需物资	160402 在建工程_安装工程					1	0	0	0	0	0												
支付重型货架所需物资	100201 银行存款_工商银行																1	0	0	0	0	0
合计：壹仟元整						1	0	0	0	0	0						1	0	0	0	0	0

凭证字 记 ▼ 40 ↕ 号 日期 2019-05-21 📅 记账凭证 2019年第5期 附单据 0 张

摘要	会计科目	借方金额										贷方金额									
		亿	千	百	十	万	千	百	十	元	角	分	亿	千	百	十	万	千	百	十	元	角	分
支付重型货架安装人员工资	160402 在建工程_安装工程						5	0	0	0	0												
支付重型货架安装人员工资	100201 银行存款_工商银行																	5	0	0	0	0
合计：伍佰元整							5	0	0	0	0							5	0	0	0	0

凭证字 记 ▼ 41 ↕ 号 日期 2019-05-21 📅 记账凭证 2019年第5期 附单据 0 张

摘要	会计科目	借方金额										贷方金额									
		亿	千	百	十	万	千	百	十	元	角	分	亿	千	百	十	万	千	百	十	元	角	分
购入重型货架一批	1601 固定资产				1	0	4	0	0	0	0	0											
购入重型货架一批	160402 在建工程_安装工程															1	0	4	0	0	0	0	0
合计：壹拾万肆仟元整					1	0	4	0	0	0	0	0				1	0	4	0	0	0	0	0

步骤 2：卡片录入。

资产编码	T002	资产名称	重型货架		
资产类别	002 机器机械生产设备	录入期间	2019年第5期		
		使用部门	采购部	开始使用日期	2019-05-21 📅 数量：1
				清理期间	

折旧方式

折旧方式	平均年限法	预计使用期限	120 期		
		固定资产科目	1601 固定资产	累计折旧科目	560212 管理费用_累计折旧
折旧费用科目	560114 销售费用_累计折旧	设为默认 税金科目	22210101 应交税费_应交增值税_进项	资产购入对方	100201 银行存款_工商银行
				科目	
资产清理科目	1606 固定资产清理				

原值、净值、累计折旧

原值	104000.00	税额	13000.00
残值率	5.00 %	预计残值	5200.00
减值准备	0.00	已折旧期间	0
期初累计折旧	0.00	期初净值	104000.00
月折旧	823.33		
备注			

【任务评价】

工作任务序号	结果考核(40%)					过程考核(60%)									总分
	考核主体	实训成果	实训报告	成果汇报	合计	考核主体	职业态度	团队协作	工作质量	考勤纪律	小计	折合分值	合计		
具体工作任务	教师					教师70%									
						自评30%									
教师评价： 　　　　　　签字： 　　　　　　时间：						自我评价： 　　　　　　签字： 　　　　　　时间：									

【拓展提升】

固定资产常见问题

（一）录入固定资产卡片时，资产购入科目指什么科目？

指新购固定资产的付款科目，如银行存款、应付账款等。

（二）录入固定资产卡片时，税金科目指什么科目？

指新购固定资产的可抵扣税金科目，一般指应交税费——应交增值税——进项税额。

（三）期初有余额的固定资产，建账时还需要录入固定资产卡片吗？

需要录入固定资产卡片，否则，固定资产不会自动计提折旧。

（四）固定资产开始使用日期早于录入期间的卡片不能生成凭证？

只有在当期新增的固定资产卡片才能生成新购凭证，如果是以前期间开始使用的卡片，应该在开始使用当期，录入或生成新购固定资产卡片凭证。

（五）新增卡片时相关科目填写方式。

（1）固定资产科目：指固定资产购入的借方科目，如"固定资产"。

（2）累计折旧科目：指计提折旧时的贷方科目，如"累计折旧"。

（3）折旧费用科目：指计提折旧时的借方科目，如"管理费用——折旧费"。

（4）税金科目：指采购固定资产需要支付的进项税，如"应交税费——应交增值税——进项税额"。

（5）资产购入科目：指固定资产购入的贷方科目，如"银行存款"等。

（6）固定资产清理科目：指固定资产清理的冲减科目，比如"固定资产清理"科目。

（六）固定资产卡片资产编码和类别编码要一致吗？两者有联系吗？

可以不一致。固定资产的类别编码是指这个固定资产所属的类别，在固定资产的资产类别处添加；资产编码是指某个固定资产的具体编码。

任务 2   计提折旧业务

【实训目的】

（1）明确筹资过程中的工作流程和岗位角色操作。

（2）正确识别和填制筹资过程中相关经济业务凭证。

（3）完成筹资过程中经济业务的会计业务处理。

【经济业务】

➢ 业务 4-4   计提折旧业务

5 月 30 日，计提本月折旧费用。

【相关知识】

1. 影响固定资产折旧的因素

（1）固定资产原值。

（2）预计净残值。

（3）固定资产减值准备。

（4）固定资产的使用寿命。

2. 不计提折旧的固定资产类型

（1）已提足折旧仍继续使用的固定资产，不计提折旧。

（2）按规定单独计价作为固定资产入账的土地，不计提折旧。

（3）改扩建期间的固定资产、更新改造过程中停止使用的固定资产，应将其账面价值转入在建工程，在改扩建期间不再计提折旧。

（4）提前报废的固定资产，不再补提折旧。

3. 固定资产折旧管理注意事项

（1）因大修理而停工的固定资产、不需用、未使用的固定资产需要提取折旧。

（2）已达到预定可使用状态但尚未办理竣工决算的固定资产，应当按照估计价值确定其成本，并计提折旧；待办理竣工决算后，再按实际成本调整原来的暂估价值，但不需要调整原已计提的折旧额。

（3）当月增加的固定资产，当月不计提折旧，从下月起计提折旧；当月减少的固定资产，当月仍计提折旧，从下月起不计提折旧。

4. 固定资产折旧方法

固定资产的折旧方法有平均年限法、工作量法、加速折旧法、年数总和法。

企业应当根据与固定资产有关的经济利益的预期实现方式，合理选择固定资产折旧方法。

折旧方法包括年限平均法、工作量法、双倍余额递减法和年数总和法等。固定资产的折旧方法一经确定,不得随意变更。但是,企业至少应当于每年年度终了时,对固定资产的折旧方法进行复核。与固定资产有关的经济利益预期实现方式有重大改变的,应当改变固定资产折旧方法。

5. 平均年限法

年折旧额＝原值×(1－净残值)/预计使用年限

年折旧率＝1－预计净残值率/预计使用年限×100％

月折旧率＝年折旧率/12

月折旧额＝固定资产原价×月折旧率

其中:

(1) 预计净残值是指假定固定资产预计使用寿命已满并处于使用寿命终了时的预期状态,企业目前从该项资产处置中获得的扣除预计处置费用后的金额。

(2) 预计净残值率是指固定资产预计净残值额占其原价的比率。企业应根据固定资产的性质和使用情况,合理确定固定资产的预计净残值。预计净残值一经确定,不得随意变更。

企业应按月计提固定资产折旧。

1) 当月增加的固定资产,当月不计提折旧,从下月起计提。

2) 当月减少的固定资产,当月仍计提折旧,从下月起不计提。

3) 提前报废的固定资产,不再补提折旧。

【任务实施】

业务 4-4　计提折旧业务

5 月 30 日,计提本月折旧费用。

要点:当月增加的固定资产,当月不计提折旧,从下月起计提;当月减少的固定资产,当月仍计提折旧,从下月起不计提。

在左侧菜单栏点击"设置→结转",进入结转界面。在结账界面中点击选择计提折旧模块中的"生成凭证"。

点击凭证字号,可以联查相关凭证。

生成凭证如下:

【任务评价】

工作任务序号	结果考核(40%)					过程考核(60%)								总分
	考核主体	实训成果	实训报告	成果汇报	合计	考核主体	职业态度	团队协作	工作质量	考勤纪律	小计	折合分值	合计	
具体工作任务	教师					教师70%								
						自评30%								
教师评价: 签字: 时间:						自我评价: 签字: 时间:								

【拓展提升】

固定资产折旧年限

根据《企业所得税法实施条例》第六十条和第六十四条规定,固定资产计算折旧的最低年限如下:

(一)房屋、建筑物为 20 年。

(二)飞机、火车、轮船、机器、机械和其他生产设备为 10 年。

(三)与生产经营活动有关的器具、工具、家具等为 5 年。

(四)飞机、火车、轮船以外的运输工具为 4 年。

(五)电子设备为 3 年。

生产性生物资产计算折旧的最低年限是:

(一)林木类生产性生物资产为 10 年。

(二)畜类生产性生物资产为 3 年。

(以上除国务院财政、税务主管部门另有规定外)

任务3　固定资产减少与原值变动业务

【实训目的】

(1) 明确资产减少过程中的工作流程和岗位角色操作。

(2) 正确识别和填制资产减少过程中相关经济业务凭证。

(3) 完成资产减少过程中经济业务的会计业务处理。

【经济业务】

➢ 业务 4-5　固定资产减少业务

2019 年 6 月 15 日,总经办报废电脑整机(资产编码 T003)一套。

➢ 业务 4-6　固定资产原值变动业务

2019 年 6 月 20 日,总经办奔驰轿车添置新配件 10000 元。[①]

【相关知识】

1. 固定资产原值变动

固定资产原值是"固定资产原始价值"的简称,也称"固定资产原始成本""原始购置成

---

① 　这两笔业务需要结账到 6 月,在 2019 年 6 期进行操作。可以完成本书项目五、项目六、项目七,5 月进行期末结账时再进入 2019 年 6 期进行实训操作。

本"或"历史成本"。固定资产原值反映企业在固定资产方面的投资和企业的生产规模、装备水平等。它还是进行固定资产核算、计算折旧的依据。指企业、事业单位建造、购置固定资产时实际发生的全部费用支出,包括建造费、买价、运杂费、安装费等。

固定资产的变动包括:

(1) 固定资产的增加:购置,自建,投资者投入,融资租入,改建扩建,债务重组,非货币性交易,接受捐赠,盘盈,调入。

(2) 固定资产的减少:投资转出,捐赠转出,债务重组,非货币性交易,调出,盘亏,出售,报废,毁损。

(3) 计提折旧费用,固定资产的清理,减值准备,资产评估,资产重置,资产状况变动。

2. 固定资产清理

固定资产的清理是指报废和出售以及因各种不可抗力而遭到损坏和损失的固定资产所进行的清理工作。

"固定资产清理"是资产类账户用来核算企业因出售、报废和毁损等原因转入清理的固定资产净值以及在清理过程中发生的清理费用和清理收入。

(1) 借方登记固定资产转入清理的净值和清理过程中发生的费用。

(2) 贷方登记收回出售固定资产的价款、残料价值和变价收入。贷方余额表示清理后的净收益;借方余额表示清理后的净损失。清理完毕后净收益转入"营业外收入"账户,净损失转入"营业外支出"账户。

3. 固定资产减值

固定资产的减值一般是指固定资产发生损坏、技术陈旧或者其他原因,导致其可收回金额低于其账面价值。如果固定资产的可收回金额低于其账面价值,应当按可收回金额低于其账面价值的差额计提减值准备,并计入当期损益。

固定资产减值是指资产可收回金额低于其账面价值。固定资产可回收金额是根据资产的公允价值减去处置费用后的净额,与资产预计未来现金流量的现值,两者之间较高者确定。资产可回收金额低于其账面价值的差额为资产减值损失,计入当期损益,资产减值损失一经确认,在以后会计期间不得转回。

4. 固定资产减值的迹象判断

(1) 资产如在当期大幅度下跌,其跌幅明显高于因时间的推移或者正常使用而预计的下跌。

(2) 企业经营所处的经济、技术或者法律等环境以及资产所处的市场在当期或者在近期发生重大变化,从而对企业产生不利影响。

(3) 市场利率或者其他市场投资报酬率在当期已经提高,从而影响企业计算资产未来现金流量现值的折现率,导致资产可回收金额大幅度降低。

(4) 有证据表明资产已经陈旧或者其实体已经损坏。

(5) 资产已经或者被闲置、终止使用或者计划提前处置。

(6) 企业内部报告的证据表明资产的经济绩效已经低于预期,如资产所创造的净现金流量或者营业利润(或者亏损)远远低于(或者高于)预计金额。

(7) 其他表明资产可能已经发生减值的迹象。

【任务实施】

业务 4-5　固定资产减少业务

2019 年 6 月 15 日,总经办报废电脑整机(资产编码 T003)一套。

要点:在云会计卡片模块可以直接进行卡片清理。

步骤 1:在左侧菜单栏点击"卡片",进入卡片编辑界面,点击"资产编码 T003"前的"编辑"按键,进入修改卡片界面。

步骤 2:在修改卡片界面点击"清理"。

业务 4-6　固定资产原值变动业务

2019 年 6 月 20 日,总经办奔驰轿车添置新配件 10000 元。

要点:固定资产卡片新增当期,如果需要修改,则需要删除已经结账的凭证,打开卡片进行编辑修改;结账后如果需要进行固定资产的变动,在当期直接修改卡片即可。

步骤 1:在左侧菜单栏点击"卡片",进入卡片编辑界面,点击"资产编码 T001"前的"编辑"按键,进入修改卡片界面。

卡片界面如下图所示：

步骤2：在修改卡片界面中右下角的原值中，输入调整后的原值，点击右下角"保存"。

【任务评价】

工作任务序号	结果考核(40%)					过程考核(60%)								总分
	考核主体	实训成果	实训报告	成果汇报	合计	考核主体	职业态度	团队协作	工作质量	考勤纪律	小计	折合分值	合计	
具体工作任务	教师					教师70%								
						自评30%								
教师评价:						自我评价:								
				签字:								签字:		
				时间:								时间:		

【拓展提升】

固定资产处置

固定资产处置包括固定资产的出售、报废、毁损、对外投资、非货币性资产交换、债务重组等。

1.固定资产转入清理

借:固定资产清理(固定资产的账面价值)

　　累计折旧

　　固定资产减值准备

　　贷:固定资产

2.发生的清理费用等

借:固定资产清理

　　应交税费——应交增值税(进项税额)

　　贷:银行存款(支付清理费用)

3.收回出售固定资产的价款、残料价值和变价收入等

借:银行存款(取得的处置收入)

　　原材料(取得的残料入库)

　　贷:固定资产清理

　　　　应交税费——应交增值税(销项税额)

4.保险赔偿等的处理

借:其他应收款(应由保险公司或过失人赔偿的金额)

　　贷:固定资产清理

5.清理净损益

借:营业外支出

　　贷:固定资产清理

或

借:固定资产清理

　　贷:营业外收入

项目5　职工薪酬核算与处理业务

================ 学习目标 ================

知识目标

（1）了解职工薪酬的内容和类别。

（2）理解工资模块中的基础设置相关信息内容。

（3）掌握职工薪酬日常业务处理流程。

（4）掌握工资统计与分析查询处理方法。

能力目标

（1）能够分析职工薪酬的类别。

（2）能够进行工资模块基础信息设置。

（3）能够运用云会计进行工资表导入与业务处理。

（4）能够进行工资报表统计与分析。

本章内容主要介绍如何运用云会计中工资模块进行职工薪酬核算与处理。工资模块可以通过 Excel 导入工资表，实现工资表统一管理，并由工资表自动生成凭证。本章拟从计提本月工资、社保、公积金业务，发放工资以及工资统计与分析等方面进行实训学习。

系统概述

在工资模块，系统提供 Excel 导入工资表，实现工资表统一管理，并由工资表自动生成凭证。

（一）基础设置

在导入工资表前，需要进行基础设置。基础设置可以参照新手导航界面相关指引：点击"工资→新手导航"进入新手导航界面。

操作步骤：

（1）设置职员唯一标识，避免由于重名等导致的数据混乱。

（2）新增部门，系统支持手工新增与从总账辅助核算中导入。

（3）新增职员支持手工操作、同步总账辅助核算中的职员信息以及在导入工资表时自动新增职员信息三种方式。

（4）设置工资核算项，工资核算项是指影响工资凭证的工资表项目，例如，应发工资、实发工资、代扣的各种社保、个税、借款等。这些项目在会计核算时列入不同的科目核算，所以在导入工资表时需特殊指定它们对应的工资表列，工资核算项可以按本公司核算的具体情况增减。

（二）导入工资表

在 Excel 中编辑好工资表，选择导入工资表所属期间及薪资类型，选择相应的工资表文件后，点击"导入"进入工资表预览界面。

在工资表预览界面需要指定工资核算项对应工资表的具体哪一列，设置的唯一性标识及实发工资是必须指定的。

导入后可点击"工资→工资表"进入查看。

（三）工资表生成凭证

生成凭证前,需要设置凭证规则。凭证类型分为计提工资和发放工资两种,同一薪资类型、同一凭证类型只能启用一个凭证规则。凭证规则用来指定借、贷方科目,取值项目及范围。生成凭证时,按照工资表对应的薪资类型的凭证规则生成凭证。

（四）工资统计

系统可按部门展示不同时间、不同薪资类型下的工资情况。

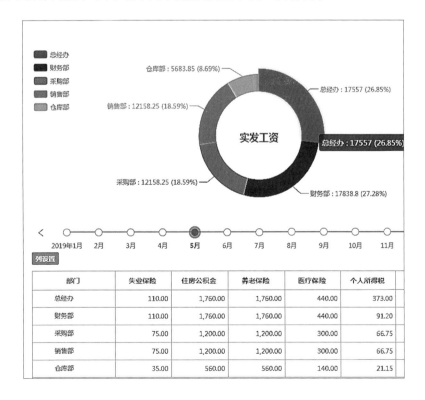

部门	失业保险	住房公积金	养老保险	医疗保险	个人所得税
总经办	110.00	1,760.00	1,760.00	440.00	373.00
财务部	110.00	1,760.00	1,760.00	440.00	91.20
采购部	75.00	1,200.00	1,200.00	300.00	66.75
销售部	75.00	1,200.00	1,200.00	300.00	66.75
仓库部	35.00	560.00	560.00	140.00	21.15

任务 职工薪酬核算与处理业务

【实训目的】

（1）明确职工薪酬核算与处理过程中的工作流程和岗位角色操作。

（2）正确识别和填制职工薪酬核算与处理过程中相关经济业务凭证。

（3）完成职工薪酬核算与处理过程中经济业务的会计业务处理。

【经济业务】

➤ 业务 5-1 计提本月工资业务

2019 年 5 月 30 日，计提本月工资。

（本案例暂不考虑个人专项抵扣税）

员工信息

代码（工号）	姓名	性别	部门
01	张勇	男	总经办
02	陈林	男	总经办
03	刘红	女	采购部
04	陈春	男	采购部
05	张磊	男	仓库部
06	戴婷	女	财务部
07	肖瑶	男	财务部
08	王芳	女	财务部
09	李闯	男	销售部
10	高峰	男	销售部

2019 年 5 月工资计提表

单位：元

工号	姓名	基本工资	出勤天数	出勤工资	应发合计	代扣个税	代扣养老金	代扣公积金	代扣医疗保险	代扣失业保险	实发工资
01	张勇	12000	22.5	12000	12000	268	960	960	240	60	9512
02	陈林	10000	22.5	10000	10000	105	800	800	200	50	8045
03	刘红	8000	22.5	8000	8000	45.6	640	640	160	40	6474.4
04	陈春	7000	22.5	7000	7000	21.15	560	560	140	35	5683.85
05	张磊	7000	22.5	7000	7000	21.15	560	560	140	35	5683.85
06	戴婷	9000	22.5	9000	9000	70.05	720	720	180	45	7264.95

续表

工号	姓名	基本工资	出勤天数	出勤工资	应发合计	代扣个税	代扣养老金	代扣公积金	代扣医疗保险	代扣失业保险	实发工资
07	肖瑶	6000	22.5	6000	6000	0	480	480	120	30	4890
08	王芳	7000	22.5	7000	7000	21.15	560	560	140	35	5683.85
09	李闯	8000	22.5	8000	8000	45.6	640	640	160	40	6474.4
10	高峰	7000	22.5	7000	7000	21.15	560	560	140	35	5683.85
	合计	81000	225	81000	81000	618.85	6480	6480	1620	405	65396.15

➤ 业务 5-2 缴纳本月社会保险费

2019 年 5 月 17 日,公司运用中国工商银行账户缴纳本月社会保险费。

社保分配表

所属期限:2019 年 5 月　　　　　　　　　　　　　　　　　　　　　　　　　　　单位:元

部门	工资合计	企业						个人				合计					
		养老保险 14%	医疗保险 6.2%	失业保险 1%	工伤保险 0.7%	生育保险 0.45%	合计	养老保险 8%	医疗保险 2%	失业保险 0.5%	合计	养老保险	医疗保险	失业保险	工伤保险	生育保险	合计
总经办	22000	3080	1364	220	154	99	4917	1760	440	110	2310	4840	1804	330	154	99	7227
财务部	22000	3080	1364	220	154	99	4917	1760	440	110	2310	4840	1804	330	154	99	7227
采购部	15000	2100	930	150	105	67.5	3352.5	1200	300	75	1575	3300	1230	225	105	67.5	4927.5
销售部	15000	2100	930	150	105	67.5	3352.5	1200	300	75	1575	3300	1230	225	105	67.5	4927.5
仓库部	7000	980	434	70	49	31.5	1564.5	560	140	35	735	1540	574	105	49	31.5	2299.5
合计	81000	11340	5022	810	567	364.5	18103.5	6480	1620	405	8505	17820	6642	1215	567	364.5	26608.5

➤ 业务 5-3 缴纳本月公积金

2019 年 5 月 20 日,中国工商银行账户缴纳本月公积金。

公积金分配表

所属期限:2018 年 2 期　　　　　　　　　　　　　　　　　　　　　　　　　　　单位:元

部门	工资合计	单位应缴(8%)	个人应缴(8%)
总经办	22000	1760	1760
财务部	22000	1760	1760
采购部	15000	1200	1200
销售部	15000	1200	1200
库存部	7000	560	560
合计	81000	6480	6480

➢ 业务 5-4　按照部门进行工资统计与分析

运用工资统计模块,按照部门进行工资统计与分析。

【相关知识】

1. 职工薪酬

职工薪酬是指企业为获得职工提供的服务或解除劳动关系而给予各种形式的报酬或补偿。具体包括短期薪酬、离职后福利、辞退福利和其他长期职工福利。企业提供给职工配偶、子女受赡养人、已故员工遗属及其他受益人等的福利,也属于职工薪酬。

根据《企业会计准则第 9 号——职工薪酬》,职工薪酬包括:

(1) 职工工资、奖金、津贴和补贴。

(2) 职工福利费。

(3) 医疗保险费、养老保险费、失业保险费、工伤保险费和生育保险费等社会保险费。

(4) 住房公积金。

(5) 工会经费和职工教育经费。

(6) 非货币性福利。

(7) 因解除与职工的劳动关系给予的补偿。

(8) 其他与获得职工提供的服务相关的支出。

2. 职工薪酬的分类

职工薪酬主要包括短期薪酬、离职后福利、辞退福利和其他长期职工福利。

(1)短期薪酬。短期薪酬是指企业预期在职工提供相关服务的年度报告期结束后 12 个月内将全部予以支付的职工薪酬,因解除与职工的劳动关系给予的补偿除外。因解除与职工的劳动关系给予的补偿属于辞退福利的范畴。

短期薪酬主要包括:

1) 职工工资、奖金、津贴和补贴,是指企业按照构成工资总额的计时工资、计件工资、支付给职工的超额劳动报酬等的劳动报酬,为了补偿职工特殊或额外的劳动消耗和因其他特殊原因支付给职工的津贴,以及为了保证职工工资水平不受物价影响支付给职工的物价补贴等。其中,企业按照短期奖金计划向职工发放的奖金属于短期薪酬,按照长期奖金计划向职工发放的奖金属于其他长期职工福利。

2) 职工福利费,是指企业向职工提供的生活困难补助、丧葬补助费、抚恤费、职工异地安家费、防暑降温费等职工福利支出。

3) 医疗保险费、工伤保险费和生育保险费等社会保险费,是指企业按照国家规定的基准和比例计算,向社会保险经办机构缴存的医疗保险费、工伤保险费和生育保险费。

4) 住房公积金,是指企业按照国家规定的基准和比例计算,向住房公积金管理机构缴存的住房公积金。

5) 工会经费和职工教育经费,是指企业为了改善职工文化生活、为职工学习先进技术,提高文化水平和业务素质,用于开展工会活动和职工教育及职业技能培训等相关支出。

6) 短期带薪缺勤,是指职工虽然缺勤但企业仍向其支付报酬的安排,包括年休假、病假、婚假、产假、丧假、探亲假等。长期带薪缺勤属于其他长期职工福利。

7) 短期利润分享计划,是指因职工提供服务而与职工达成的基于利润或其他经营成果提供薪酬的协议。长期利润分享计划属于其他长期职工福利。

8) 其他短期薪酬,是指除上述薪酬以外的其他为获得职工提供的服务而给予的短期薪酬。

(2) 离职后福利,是指企业为获得职工提供的服务而在职工退休或与企业解除劳动关系后,提供的各种形式的报酬和福利,属于短期薪酬和辞退福利的除外。

离职后福利计划是指企业与职工就离职后福利达成的协议,或者企业为向职工提供离职后福利制定的规章或办法等。离职后福利计划按照企业承担的风险和义务情况,可以分为设定提存计划和设定受益计划。其中,设定提存计划,是指企业向独立的基金缴存固定费用后,不再承担进一步支付义务的离职后福利计划。设定受益计划是指除设定提存计划以外的离职后福利计划。

(3)辞退福利。辞退福利是指企业在职工劳动合同到期之前解除与职工的劳动关系,或者为鼓励职工自愿接受裁减而给予职工的补偿。

辞退福利主要包括:

1) 在职工劳动合同尚未到期前,不论职工本人是否愿意,企业决定解除与职工的劳动关系而给予的补偿。

2) 在职工劳动合同尚未到期前,为鼓励职工自愿接受裁减而给予的补偿,职工有权利选择继续在职或接受补偿离职。

辞退福利通常采取解除劳动关系时一次性支付补偿的方式,也采取在职工不再为企业带来经济利益后,将职工工资支付到辞退后未来某一期间的方式。

(4)其他长期职工福利。其他长期职工福利是指除短期薪酬、离职后福利、辞退福利之外所有的职工薪酬,包括长期带薪缺勤、长期残疾福利、长期利润分享计划等。

3. 计提工资与发放工资

提前计提工资是相对发放工资来讲的,不是绝对的提前计提。按照权责发生制原则,哪个月的工资应该计到哪个月的费用中去。而在实际工作中,工资发放是必须等到该月过完了才能计算出每个员工工资才能发放的。这样,就造成工资计算和发放的滞后性。所以,在该月月末(与其他计提、结转分录一起,一般是当月的最后一天),需要根据历史情况或者用别的手段暂估该月发生的工资费用,做计提分录入账。每月计提工资应在本月结账之前计提。本月发放上个月的工资,需要计提工资通过应付职工薪酬这个科目核算。直接发本月工资的,不需要计提,可直接入当月费用。

【任务实施】

业务5-1　计提本月工资业务

2019年5月30日,计提本月工资。

要点:计提本月工资,在云会计中有两种操作路径:

一是直接在凭证界面录入凭。

摘要:计提本月工资

借:管理费用——工资　　　　　　66000

　　销售费用——工资　　　　　　15000

　　贷:应付职工薪酬——工资　　　　　81000

二是通过工资模块,导入工资表,由工资表自动生成凭证。现以第二种路径进行任务实施。

步骤1:设置部门信息。

在左侧菜单栏点击"工资→部门职员",进入部门职员编辑界面。点击左侧"公司┬",系统弹出"新增部门",按照相关信息依次增加相应部门。

各部门依次增加完后,如下图所示。

步骤 2：导入职员。

在"部门职员"界面，选择右上角更多选项中的"导入"按键，系统弹出"导入职员"窗口，下载导入模板，按照提示导入相应职员信息。

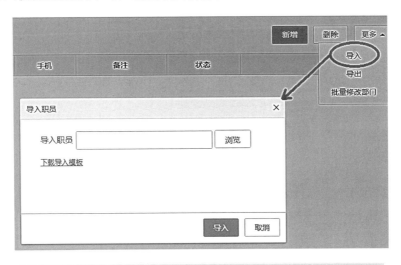

注：在表格内输入相应内容（标红部分为必输入项）。

步骤 3：设置薪资类型：销售工资和管理工资。

在左侧菜单栏点击"工资→薪资类型"，进入薪资类型编辑界面。

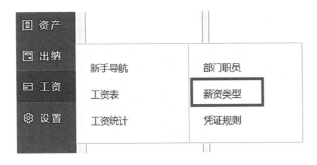

在"薪资类型"界面,依次输入销售工资和管理工资,并点击"添加"。

添加完成,界面如下。

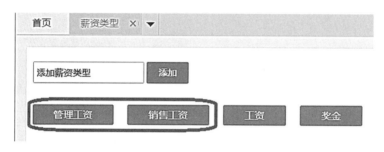

步骤 4:导入管理工资表,并生成相关凭证。

本案例采用分别导入管理工资表和销售工资表(销售部员工作为销售工资表数据依据导入;其余部门作为管理工资表数据依据导入),并分别生成相关凭证。

(1) 在工资模块中选择工资表,点击右上角"导入",按照相应模板要求,导入工资表。

（2）在工资表模板中提供了工资模板和工资模板（新个税），可依据实际需要选择相应模板。各模板内容可以依据实际情况调整。

在工资表时间选择"2019 年 7 月"，薪资类型选择"管理工资"，导入相应工资表。

（3）设置工资表中相应列对应关系。

工号	姓名	手机号	基本工资	出勤天数	出勤工资	奖金	津贴	补
1	张蔷		12000	22.5	12000			
2	陈林		10000	22.5	10000			
3	刘红		8000	22.5	8000			
4	陈春		7000	22.5	7000			
5	张磊		7000	22.5	7000			
6	戴婷		9000	22.5	9000			
7	肖瑶		6000	22.5	6000			
8	王芳		7000	22.5	7000			

注：＊为必匹配项。

（4）管理工资中凭证规则设置。在左侧菜单栏点击"工资→凭证规则"。

在凭证规则界面中,点击计提工资前面的编辑按键,系统弹出修改凭证模板界面。

	操作	凭证类型	薪资类型	凭证字	状态
☐	✎ ✕	计提工资	全部	记	⬤
☐	✎ ✕	发放工资	全部	记	⬤

在修改凭证模板中,薪资类型选择"管理工资",摘要输入"计提 yy 年 mm 月工资",借方科目选择"管理费用——工资",贷方科目选择"应付职工薪酬——工资",点击"保存"。

注:如果应付职工薪酬作为一级科目后面没有二级科目,可以在科目设置中增加相应的明细科目。

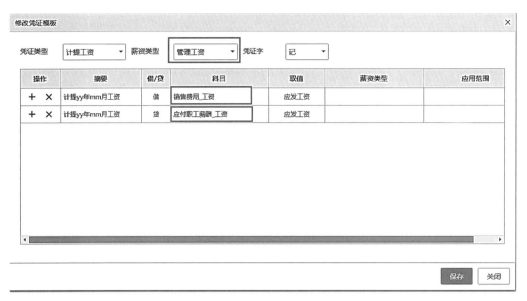

(5)进入工资表编辑界面,选择需要计提工资的工资表,点击"生成凭证",选择每张工资表生成一张凭证,点击"确定"。

生成凭证如下：

步骤5：导入销售工资表，并生成相关凭证。

（1）工资表导入，选择工资表时间，按照相应模板要求，导入工资表。

（2）设置工资表中相应列对应关系。

（3）管理工资中凭证规则设置。

在左侧菜单栏点击"工资→凭证规则"，在"凭证规则"界面中，点击右上角"新增"，系统弹出新增凭证模板界面。

在新增凭证模板输入以下内容，点击"确定"保存。

➤ 凭证类型：计提工资

➤ 薪资类型：销售工资

➤ 摘要：计提 yy 年 mm 月销售工资

➤ 借方科目：销售费用——工资

➤ 贷方科目：应付职工薪酬——工资

➤ 取值：应发工资

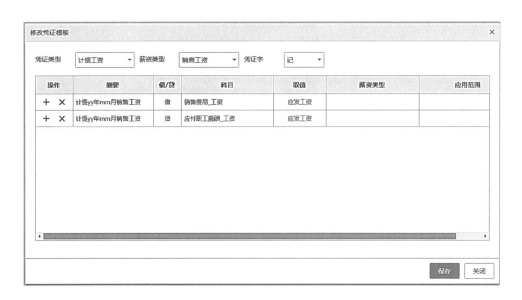

（4）进入工资表编辑界面,选择计提工资费用凭证,点击"生成凭证"。

点击凭证字号,可以联查相关凭证。

凭证如下:

业务 5-2　缴纳本月社会保险费

2019 年 5 月 17 日,公司用中国工商银行账户缴纳本月社会保险费。

摘要:缴纳本月社会保险费

借:应付职工薪酬——社会保险费　　18103.5

　　其他应收款——代收社保费　　　8505

　　贷:银行存款——工商银行　　　　　26608.5

注：应付职工薪酬、其他应收款作为一级科目下面若没有相应的二级科目，需要在录凭证之前在科目设置模块中新增相应的明细科目。

记账凭证 2019年第5期

凭证字 记 45 号　日期 2019-05-17　　附单据 0 张

摘要	会计科目	借方金额	贷方金额
		亿千百十万千百十元角分	亿千百十万千百十元角分
缴纳本月社会保险费	221102 应付职工薪酬_社会保险费	1810350	
缴纳本月社会保险费	122101 其他应收款_代收社保费	850500	
缴纳本月社会保险费	100201 银行存款_工商银行		2660850
合计：贰万陆仟陆佰捌拾元伍角		2660850	2660850

业务 5-3　缴纳本月公积金

2019 年 5 月 20 日，用中国工商银行账户缴纳本月公积金。

摘要：缴纳 5 月公积金

借：应付职工薪酬——住房公积金　　6480

其他应收款——代收住房公积金　6480

贷：银行存款——工商银行　　　　　12960

注：应付职工薪酬、其他应收款作为一级科目下面若没有相应的二级科目，需要在录凭证之前在科目设置模块中新增相应的明细科目。

记账凭证 2019年第5期

凭证字 记 46 号　日期 2019-05-20　　附单据 0 张

摘要	会计科目	借方金额	贷方金额
		亿千百十万千百十元角分	亿千百十万千百十元角分
缴纳5月公积金	221103 应付职工薪酬_住房公积金	648000	
缴纳5月公积金	122102 其他应收款_代收住房公积金	648000	
缴纳5月公积金	100201 银行存款_工商银行		1296000
合计：壹万贰仟玖佰陆拾元整		1296000	1296000

业务 5-4　按照部门进行工资统计与分析

在左侧菜单栏点击"工资→工资统计"，可按照部门进行相应统计与分析。

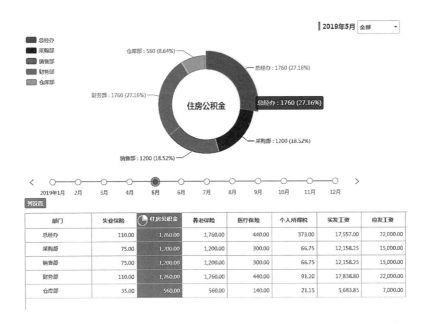

【任务评价】

工作任务序号	结果考核(40%)					过程考核(60%)								总分
	考核主体	实训成果	实训报告	成果汇报	合计	考核主体	职业态度	团队协作	工作质量	考勤纪律	小计	折合分值	合计	
具体工作任务	教师					教师70%								
						自评30%								
教师评价：						自我评价：								
			签字： 时间：					签字： 时间：						

【拓展提升】

职工福利费

职工福利费是指用于提高职工物质利益,帮助职工及其家属解决某些特殊困难和兴办集体福利事业所支付的费用。包括拨交的工会经费,按标准提取的工作人员福利费,独生子女保健费,公费医疗经费,未参加公费医疗单位的职工医疗费,因工负伤等住院治疗,住院疗养期间的伙食补助费,病假两个月以上人员的工资,职工探亲旅费,由原单位支付的退职金,退职人员及其随行家属路费,职工死亡火葬及费用,遗属生活困难补助费,长期赡养人员补助费,以及由"预算包干结余"开支的集体福利支出。

1.职工福利费的开支范围

(1)职工医药费。

(2)职工的生活困难补助:是指对生活困难的职工实际支付的定期补助和临时性补助,包括因公或非因工负伤、残废需要的生活补助。

(3)职工及其供养直系亲属的死亡待遇。

(4)集体福利的补贴:包括职工浴室、理发室、洗衣房、哺乳室、托儿所等集体福利设施支出与收入相抵后的差额补助,以及未设托儿所的托儿费补助和发给职工的修理费等。

(5)其他福利待遇:主要是指上下班交通补贴、计划生育补助、住院伙食费等方面的福利费开支。

2.不属于职工福利费的开支

(1)退休职工的费用。

(2)被辞退职工的补偿金。

(3)职工劳动保护费。

(4)职工在病假、生育假、探亲假期间领取到补助。

(5)职工的学习费。

(6)职工的伙食补助费,包括职工在企业的午餐补助和出差期间的伙食补助。

项目 6　出 纳

===== 学习目标 =====

知识目标

（1）了解出纳的工作内容。

（2）理解出纳模块中的账号设置相关信息内容。

（3）掌握日记账的处理流程。

（4）掌握核对总账的处理方法。

能力目标

（1）能够识别出纳的主要工作内容。

（2）能够进行出纳模块账户信息设置。

（3）能够运用云会计进行日记账处理。

（4）能够进行日记账与总账的核对与分析。

本章内容主要介绍如何运用云会计中出纳模块进行日记账业务处理。从广义上讲，只要是票据、货币资金和有价证券的收付、保管、核算，就都属于出纳。出纳管理系统主要用于记录企业资金的收支情况，并提供对账管理功能，全面管理企业资金流动。本章从账号设置、日记账、核对总账等方面进行实训。

系统概述

出纳管理系统主要用于记录企业资金的收支情况，并提供对账管理功能，全面管理企业货币资金的动向。

（一）日记账

点击"设置→出纳→日记账"，进入日记账编辑界面。系统提供手工录入和绑定报销系统时自动生成日记账两种方式。本篇主要讲述手工录入生成日记账。

出纳账户和会计账户是独立的，出纳账户用于维护日记账的账户。录入时只需选择对应的账户、期间，录入日期、摘要、金额即可。

首次录入时可根据实际情况录入初始余额。

录入一笔后,直接回车进行下一笔的录入。日记账支持一键生成凭证,点击凭证链接可查看凭证。

(二) 核对总账

点击"出纳"模块中的"核对总账"进入核对总账界面。系统根据出纳账户和出纳账户对应的会计科目进行核对。

在核对总账界面,可以按照核对总账期数、是否显示禁用账户等信息进行查询条件的设置。

在总账界面,支持打印、导出相应的表格。

导出表格如下图所示:

核对总账

项目	期初	借方发生（收入）	贷方发生（支出）	期末余额
金蝶精斗云演示账套				2019年1期
1001 库存现金(RMB)	30,000.00	8,000.00	600.00	37,400.00
库存现金(RMB)	30,000.00	8,000.00	600.00	37,400.00
差额	0.00	0.00	0.00	0.00
100201 中国银行(RMB)	0.00	0.00	0.00	0.00
中行存款(RMB)	0.00	0.00	0.00	0.00
差额	0.00	0.00	0.00	0.00
100202 工商银行(RMB)	2,000,000.00	0.00	8,000.00	1,992,000.00
工行存款(RMB)	2,000,000.00	0.00	8,000.00	1,992,000.00
差额	0.00	0.00	0.00	0.00

任务　出纳业务

【实训目的】

(1) 明确出纳工作处理过程中的工作流程和岗位角色操作。

(2) 正确识别和填制出纳核算与处理过程中相关经济业务凭证。

(3) 正确处理日记账、核对总账的会计业务处理。

【经济业务】

▶ **业务 6-1　账户信息设置**

对现金和银行存款进行账户设置,设置如下:

账号类别	编码	账号名称	会计科目
现金	001	库存现金	库存现金
银行存款	002	工行存款	工商银行
	003	中行存款	中国银行

▶ **业务 6-2　登记日记账(1)**

5月2日,收到红木投资有限公司作为资本金投入的货币资金投资额20000000元,款项已收存银行(业务 3-1.接受资金投资业务)。

➤ 业务 6-3　登记日记账(2)

5月3日,购买办公用品打印纸5箱,单价40元,价款200元,增值税26元,共计226元。现金支付,取得增值税普通发票(业务3-18,购买办公用品业务)。

【相关知识】

1. 日记账

日记账又称序时账,是按经济业务发生和完成时间的先后顺序进行登记的账簿。它逐日逐笔按照记账凭证(或记账凭证所附的原始凭证)进行登记。

早期的日记账也称分录簿,即把每天发生的经济业务所编制的会计分录,全部按时间顺序逐笔登记,这种日记账也叫普通日记账。由于登记普通日记账要花费大量的时间和精力,而且查阅也不方便,以后逐渐被各种特种日记账所代替。如设置现金日记账、银行存款日记账等。

2. 现金日记账

现金日记账是用来核算和监督库存现金每天的收入、支出和结存情况的账簿。由出纳人员根据与库存现金收付有关的记账凭证,按时间先后顺序逐日逐笔进行登记。

根据现金收款凭证和与现金有关的银行存款付款凭证(从银行提取库存现金的业务)登记库存现金收入;根据现金付款凭证登记现金支出;一般来说,现金日记账的格式有三栏式和多栏式两种。在云会计中采用三栏式库存现金日记账。

3. 银行存款日记账

银行存款日记账应按各种存款分别设置。银行存款日记账通常也是由出纳员根据审核后的有关银行存款收、付款凭证,逐日逐笔顺序登记的。

对于库存现金存入银行的业务,存款的收入数,应根据库存现金付款凭证登记。每日终了,应分别计算银行存款收入、付出的合计数和本日余额,以便于检查监督各项收支款项,并便于定期同银行对账单逐笔核对。

银行存款日记账的格式分为三栏式和多栏式两种,其基本结构与库存现金日记账类同。

4. 核对总账

银行存款日记账应按各种存款分别设置。银行存款日记账通常也是由出纳员根据审核后的有关银行存款收、付款凭证,逐日逐笔顺序登记的。

对于库存现金存入银行的业务,存款的收入数应根据库存现金付款凭证登记。每日终了,应分别计算银行存款收入、付出的合计数和本日余额,以便于检查监督各项收支款项,并便于定期同银行对账单逐笔核对。

银行存款日记账的格式也分为三栏式和多栏式两种,其基本结构与库存现金日记账类同。

【任务实施】

账户信息设置

对现金和银行存款进行账户设置,设置如下:

账号类别	编码	账号名称	会计科目
现金	001	库存现金	库存现金
银行存款	002	工行存款	工商银行
	003	中行存款	中国银行

要点:现金与银行存款的账号名称可依据开户行和相关会计科目进行设置。

步骤 1:现金类别账户设置。

在左侧菜单栏点击"出纳→账户",进入账户编辑界面。

在左侧菜单栏点击"出纳→账户",进入账户编辑界面。

在账户编辑界面,选择"现金"类别,系统会按照相关科目设置预设相关账户,点击左侧的编辑"✎"按键,系统弹出"编辑现金账户"界面,可对相关信息进行修改。按照本案例中要求输入编码(001)、名称(库存现金)、会计科目(1001 库存现金)相关内容,点击"确定"保存。

步骤 2:银行存款类别账户设置。

在账户编辑界面,选择"银行"类别,系统会按照相关科目设置预设相关账户,点击左侧的编辑按键"✎",系统弹出"编辑银行账户"界面,可对相关信息进行修改。本案例中共设置两个银行存款账号,在"编辑银行账户"界面,输入本案例中第一条银行账户相关信息输入编码(002)、名称(工行存款)内容。

编辑银行账户 ✕

*编码:　002

*名称:　工行存款

银行账号:

会计科目:

确定　取消

在会计科目一栏,鼠标移至会计科目空格,点击"▤",系统会弹出"选择科目"弹窗,选择"100201 工商银行",点击"确定"保存。

编辑银行账户 ✕

*编码:　002

*名称:　工行存款

银行账号:

会计科目:　▤

确定　取消

在"选择科目"弹窗中选择"100201 工商银行",点击"确定"保存。在编辑银行账户界面点击"确定"。

说明:

编辑银行账户时,编码和名称标星号,属于必填选项。银行账号、会计科目属于非必填项,可依据实际情况选填。会计科目一栏可以选择相应科目,也可以电脑输入相应会计科目名称。

第一条账户信息设置已完成,对于本案例第二条银行存款账户新增,需要运用新增账号功能进行相应添加:在账户编辑界面,点击右上角"新增",系统弹出"新增银行账户"界面。

在"新增银行账户"界面中,输入本案例中银行账户相关信息输入编码(003)、名称(中行存款),在会计科目一栏,选择会计科目(100202 银行存款—中国银行),点击"确定"保存。

业务6-2　登记日记账(1)

5月2日,收到红木投资有限公司作为资本金投入的货币资金投资额20000000元,款项已收存中国工商银行账户(业务3-1,接受资金投资业务)。

要点分析:

本案例涉及银行存款,出纳需要登记日记账,本案例只涉及银行存款日记账。有些财务业务往来需要多次登记日记账。比如提取备用金涉及银行存款减少,库存现金增加,要分别登记库存现金日记账和银行存款日记账。

如果是首次输入日记账,如有初始余额,需录入相关数据。参照任务2年中账套启用初始数据录入,"工商银行"账户期初余额时500元。

步骤1:现金类别账户设置。

在左侧菜单栏点击"出纳→日记账",进入日记账编辑界面。

在日记账界面,选择"工行存款"账户,输入初始余额 500 元,系统会自动保存。若点击回车键,可直接进行下一笔录入。

	操作	日期 ↑	摘要	收入	支出	余额	凭证
☐			初始余额			500.00	
☐	＋　🗑	2019-05-01					

账户 `002 - 工行存款` `2019年5期` 请输入摘要/金额/备注　更多过滤条件 ⟳

步骤 2:输入账户内容。

在日记账"工行存款"界面,收到红木投资有限公司投资款 20000000 元,在日期、摘要和收入中输入相应内容。

账户 `002 - 工行存款` `2019年5期` 请输入摘要/金额/备注　更多过滤条件 ⟳

	操作	日期 ↑	摘要	收入	支出	余额
☐			初始余额			500.00
☐	＋　🗑	2019-05-02	收到红木投资有限公司投资款	20,000,000.00		20,000,500.00

业务 6-3　登记日记账(2)

5 月 3 日,购买办公用品打印纸 5 箱,单价 40 元,价款 200 元,增值税 26 元,共计 226 元。现金支付,取得增值税普通发票(业务 3-18,购买办公用品业务)。

要点分析:现金日记账一般是由出纳人员根据审核后的现金收款凭证和现金付款凭证,逐日逐笔顺序登记。初次登记日记账,如有期初余额,需要填写相关数据(本案例参照任务 2.4 中库存现金,初始余额为 1000 元)。

步骤 1:现金类别账户设置。

在左侧菜单栏点击"出纳→日记账",进入日记账编辑界面。

在日记账界面,选择"库存现金"账户,输入初始余额 1000 元。如财务初始余额中库存现金与日记账中的初始余额不符,在日记账中核对总账模块会有相应差额提示。

步骤2：输入相应数据。

根据业务案例，现金支付226元，在下一栏中，输入相应日期、摘要、支出金额226元，直接按回车键，系统可自动保存。如需更改相关信息，鼠标移至相关信息处并单击，可进行相应内容修改。

为方便相关操作，在每一条日记账会有相应的"生成凭证"按键，系统可以日记账支持一键生成凭证，点击凭证链接可生成凭证。

【任务评价】

工作任务序号	结果考核(40%)					过程考核(60%)								总分
	考核主体	实训成果	实训报告	成果汇报	合计	考核主体	职业态度	团队协作	工作质量	考勤纪律	小计	折合分值	合计	
具体工作任务	教师					教师70%								
						自评30%								

教师评价：

自我评价：

签字：

时间：

签字：

时间：

【拓展提升】

Excel 表格做现金日记账的步骤和方法

Excel 表格做现金日记账的步骤和方法：

（1）新建一个 Excel 表格，点击直接更改名称。

（2）双击 Excel 中的 Sheet1 和 Sheet2 改为月份。

（3）选择 6 列单元格，合并单元格并居中。

（4）选中 Excel 表格，选择（开始）→（边框），所有边框。

（5）在开头部输入"现金日记账""单位：元"。在第二行输入出表日期。

（6）在第三行内输入序号、日期、摘要、收入、支出、余额。

（7）在日期的单元格内调整类型，选择"设置单元格格式→日期"。

（8）在收入和支出与余额的单元格内输入金额，选择"设置单元格格式→货币"，可以带货币符号，也可以不带。

（9）在余额的单元格内输入公式"＝F4＋D5－E5"。公式表示余额加收入减去支出。

项目 7 期末业务处理

================= 学习目标 =================

知识目标

（1）了解期末业务处理工作流程。

（2）理解期末调汇、结转损益、计提附加税等含义与取数规则。

（3）掌握期末自动结转处理流程。

（4）掌握期末结账工作流程与常见问题处理方法。

能力目标

（1）能够进行期末自动结转。

（2）能够处理结转损益、期末调汇、转出未交增值税等凭证生成。

（3）能够应用云会计进行期末结账。

本章主要介绍如何运用云会计中的结账模块进行期末业务处理。企业本月所发生的日常业务处理全部记账后需要进行期末业务处理，在每个会计期末都需要执行的一些特定的会计工作，如期末转账、对账、结账。本章从期末自动结转、期末结账两部分展开实训学习。

系统概述

结账是在把一定时期（月度、季度、年度）内发生的全部经济业务登记入账的基础上，计算并记录本期发生额和期末余额。

各个期间的期末结账完成状态有先后依赖关系，上一期未完成期末结账，则下一期不能进行期末结账。在某一期完成期末结账后，系统控制不允许再发生业务操作（包括凭证的增、删、改），系统已结账。系统支持跨期结账、跨期反结账。

具体操作：

步骤 1：在系统主界面中，点击"结账"，进入"结账"页面。

步骤 2：点击"生成凭证"，单击凭证字号链接，可以查看或修改凭证。单击相关报表，可以查看报表数据。

步骤 3：单击"结账"，系统弹出确认结账的提示。如果财务初始余额或资产负债表不平时,系统会弹出相应提示,按照提示可以直接跳转到相关报表。确认结账后不能修改已结账会计期间的凭证,需要修改时,可以先反结账至上期,单击"Ctrl＋结账"反结账到上一个会计期间。

说明:

如果录入了固定资产卡片,并且当期需要计提折旧,在"结账"页面会出现"计提折旧"。如果账套设置了外币核算,并且相关科目设置了期末调汇,录入该科目外币数据(凭证或财务初始余额)后,则在"结账"页面会出现"期末调汇",可以根据实际情况填写汇率调整表。

可以对结转损益参数进行设置,例如收到银行存款利息,收到银行存款利息是冲减财务费用,费用减少,应该在借方录入红字凭证。如果您录入贷方,则会导致利润表和明细账对不上,此时可以在结账时选择"按科目余额反向结转"。

另外,系统增加了期末结转预设模板:转出未交增值税、计提地税、计提所得税,用户还可根据需要自定义期末结转模板。在结账界面,点击期末结转凭证模板"＋"号,继续点击"＋"号,直接添加模板并勾选期末结转凭证。

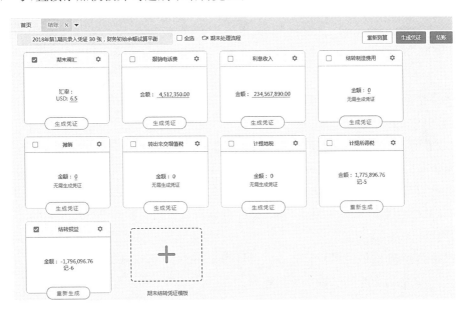

增加期末结转凭证模板后,点击"编辑",勾选"期末结转凭证",设置取值规则后,点击"保存"并添加,期末结转凭证模板即可显示在结账界面。已经添加的期末结转模板需要删除时,点击右上角的"设置"图标,去掉期末结转凭证的勾选即可。

说明:

微软系统:在"结账"页面,按住键盘上的"Ctrl"键不放,同时再用鼠标点击"结账到下期"就是反结账。

苹果系统:在"结账"页面,同时按住"Control＋Option＋Fn＋F12"就是反结账。

任务1 期末自动结转实训

【实训目的】

(1) 明确期末自动结转过程中的工作流程和岗位角色操作。

(2) 正确进行期末自动结转操作。

(3) 完成期末自动结转业务处理。

【经济业务】

➤ 业务7-1 转出未交增值税

运用云会计结账模块,转出本期未交增值税。

➤ 业务7-2 结转损益

进行本期结转损益。

【相关知识】

1. 转出未交增值税

在"应交税费——应交增值税"科目下增设"转出未交增值税"专栏,记录一般纳税企业月终转出应交未交的增值税。

取数规则:"应交税费——应交增值税"或者"应交税费——应交增值税"科目期末余额,期末余额大于零则生成凭证(贷方正数),小于等于零不生成凭证。

"转出未交增值税"专栏,核算企业月终转出应交未交的增值税。月末企业"应交税费——应交增值税"明细账出现贷方余额时,根据余额借记本科目,贷记"应交税费——未交增值税"科目。

【例题】某企业增值税账户贷方各栏合计为3000元,借方各栏的合计为1000元,月末形成的贷方余额为2000元,则账务处理为:

借:应交税费——应交增值税(转出未交增值税)　　2000(3000－1000)

　　贷:应交税费——未交增值税　　　　　　　　　2000

下月实际缴纳增值税时:

借:应交税费——未交增值税　　2000

　　贷:银行存款(库存现金)等　　2000

2. 计提附加税(地税)

取数规则:以应交增值税和应交消费税合计作为依据。"应交增值税"+"应交消费税"的值大于零生成凭证,小于等于零不生成凭证。其中:

(1) 应交增值税:取"应交税费——应交增值税"科目期末余额或"应交税费——未交增值税"的本月贷方发生额。

1)若"应交税费——应交增值税"期末余额是否大于零(贷方正数),若大于零时,该值作为应交增值税的值。

2)若小于等于零时,检查"应交税费——未交增值税"月末贷方发生额,月末贷方发生额大于零时,该值作为应交增值税的值。

(2) 应交消费税:"应交税费——应交消费税"本月贷方发生额。

3．计提所得税

企业所得税是对我国内资企业和经营单位的生产经营所得和其他所得征收的一种税。

取数规则："本年累计利润总额×税率－本年累计所得税"大于零生成凭证，否则不生成。

（1）本年累计利润总额：为利润表"利润总额"本年累计数。

（2）本年累计所得税：为利润表"所得税"或者"所得税费用"的本年累计数。

按照《企业会计准则第18号——所得税》的要求，我国上市公司自2007年1月1日起全面执行了新准则，取消了应付税款法、递延法和利润表债务法，要求一律采用资产负债表债务法核算递延所得税，计算确定有关资产、负债项目产生的递延所得税资产和递延所得税负债。

4．期末调汇

用于设置科目是否支持外币业务：当存在外币业务需要用外币核算的时候，可以设置外币核算。设置时可以选择单一币别核算，也可以选择多种币别综合核算，勾选"期末调汇"表示在期末结账系统可以自动生成调汇凭证。

期末结账时，如需对外币账户期末余额的汇率进行调整，可以使用"期末调汇"功能让系统自动生成凭证；如果想手工录入凭证也可以，系统不做强制要求。

期末调汇：小企业会计准则要求"汇兑收益"计入营业外收入，而"汇兑损失"计入财务费用。

新会计准则汇兑收益、损失计入"财务费用——汇兑损益"。

5.结转损益

结转损益的凭证日期一般为当前会计期间的最后一天,不能改成下一月的某一天用以结下一期的账。凭证字以及凭证摘要:可以依据需求修改,以前年度损益调整科目月末会通过结账,生成凭证结转到利润分配——未分配利润中,不在利润表中体现,而在资产负债表里体现。

【任务实施】

业务 7-1　转出未交增值税

在云会计中"转出未交增值税"取数规则:"应交税费——应交增值税"或者"应交税费——应交增值税"科目期末余额,期末余额大于零则生成凭证(贷方正数),小于等于零不生成凭证。

在左侧菜单栏点击"结账",在"转出未交增值税"模块,金额为负,同时系统有提示"无需生成凭证"。

业务7-2 结转损益

在左侧菜单栏点击"结账",进入结账面,在"结转损益"模块,点击"生成凭证"如下图所示。

结转损益之后,点击相应的凭证字号,可以联查凭证,如业务变动,可以点击"重新生成"。

【任务评价】

工作任务序号	结果考核(40%)					过程考核(60%)								总分
	考核主体	实训成果	实训报告	成果汇报	合计	考核主体	职业态度	团队协作	工作质量	考勤纪律	小计	折合分值	合计	
具体工作任务	教师					教师70%								
						自评30%								
教师评价： 签字： 时间：						自我评价： 签字： 时间：								

【拓展提升】

对账

对账就是在结账前,将账簿记录和会计凭证核对,各种账簿之间的数字核对,账簿记录和实物及货币资金的实存数核对。纠正记账错误,以保证账簿记录正确无误,为编制会计报表提供真实可靠的会计核算资料。每个企业、事业、行政单位,都要建立定期的对账制度,进行账证核对、账账核对、账实核对。

对账操作步骤:

1. 账证核对

将各种账簿与原始凭证、记账凭证核对。

2. 账账核对

核对不同会计账簿之间的账簿记录是否相符。

(1) 总分类账核对:编制总分类账账户发生额及余额试算平衡表(也称总分类账户试算平衡表),核对全部总分类账的本期发生额和余额。核对方法是:

全部账户的期初借方余额合计数＝全部账户的期初贷方余额合计数

全部账户的本期借方发生额合计数＝全部账户的本期贷方发生额合计数

全部账户的期末借方余额合计数＝全部账户的期末贷方余额合计数

(2) 总分类账与其所属的明细分类账核对:编制明细分类账本期发生额与余额对照表,核对总分类账户金额与其所属明细账金额之和是否一致。总分类账与其所属的明细分类账核对的方法是:

某一总账本期发生额＝其所属明细账本期发生额之和

某一总账余额＝其所属明细账余额之和

(3) 总分类账与日记账核对:核对"库存现金"总账期末余额与现金日记账期末余额

是否相符;核对"银行存款"总账期末余额与银行存款日记账期末余额是否相符。

(4) 核对财会部门财产物资的明细分类账的期末余额与相应的财产物资保管部门或使用部门的明细分类账、卡上记载的期末结存数额是否相符。

3.账实核对

账实核对属于财产清查,包括货币资金清查、往来款项清查、实物资产清查。货币资金清查又包括现金清查和银行存款清查。

(1) 库存现金清查:主要是通过现金盘点进行。清查人员通过清点现金填写现金盘点表,然后再将盘点表同现金日记账进行比较,编制现金盘存报告单。

(2) 银行存款的清查:主要是通过将银行存款日记账与银行对账单进行核对,编制银行存款余额调节表进行。

(3) 实物资产的清查:一般通过盘点或技术估算的方法进行,在清查时需要填写实物资产盘存报告单,然后再编制账存实存对比表。

各种财产物资明细分类账账面余额与该项财产物资的实际结存数额核对相符。

(4) 往来款项清查:主要是通过询证的方法进行,也就是向债权、债务单位或个人寄送往来款项对账单,将各种应收、应付款项的明细分类账账面余额与债权、债务单位或个人进行核对,在收到回函以后编制往来款项清查报告单。

各种应收、应付款项的明细分类账账面余额与债权、债务的单位或个人进行核对,达到相符。

4.制单会计编制记账凭证

在实物资产、库存现金、往来款项账实不符的情况下,清查人员提出处理意见,报经主管领导批准后,制单会计进行账务处理编制记账凭证。

5.会计主管审核记账凭证

6.记账会计根据审核无误的记账凭证及所附的原始凭证登记相关明细账和日记账

注意事项:

账证核对一般是在记账过程中完成的,只有在账账不符时,才需要专门进行账证核对,核对可以是顺查,即由凭证到账簿进行检查;也可以是逆查,即由账簿到凭证进行检查。

根据企业内部控制规范要求,银行存款的对账工作和编制银行存款余额调节表工作不能由出纳完成。

在往来款项清查时,如果证实属于无法收回的应收账款,则批准后将其作为坏账处理,冲减坏账准备;对于无法偿还的应付款项则作为营业外收入处理。

任务 2　期末结账实训

【实训目的】

(1) 明确期末自动结转过程中的工作流程和岗位角色操作。

（2）正确进行期末自动结转操作。

（3）完成期末自动结转业务处理。

【经济业务】

➢ 业务 7-3　期末结账

进行本期期末结账。

【相关知识】

1.期末结账

在手工会计处理中,都有结账的过程,相对于手工账中的结账,云会计中的结账由系统自动完成。在结账后,只能进行相关账簿的查询和打印,不能再进行日常账务处理。

2.期末结账常见问题

（1）凭证断号,无法生成相关凭证。

解决路径:凭证有断号,在凭证模块,点击"查凭证",选择"更多"中的"整理凭证"。然后返回到结账界面,重新点一下"生成结转损益的凭证"即可。

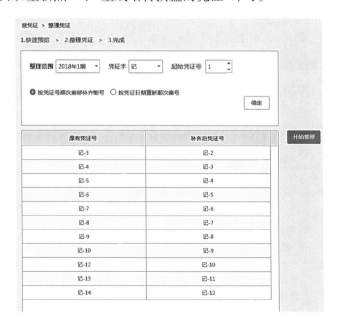

（2）结账失败，提示有损益余额需重新生成凭证。

解决路径：在结账模块中"结转损益"自动结转中，点击"重新生成相关凭证"。

【任务实施】

业务7-3　期末结账

在左侧菜单栏点击"结账"，进入结账界面，点击右上角"结账"，进行结账。

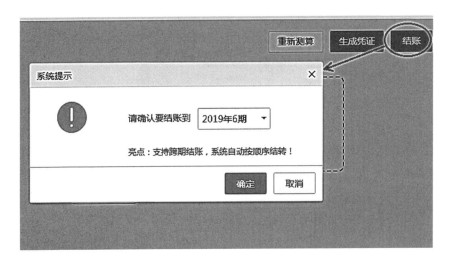

结账后，系统会自动弹到云会计首页，相应数据会以图表形式呈现。

【任务评价】

工作任务序号	结果考核(40%)					过程考核(60%)								总分
	考核主体	实训成果	实训报告	成果汇报	合计	考核主体	职业态度	团队协作	工作质量	考勤纪律	小计	折合分值	合计	
具体工作任务	教师					教师70%								
						自评30%								
教师评价： 签字： 时间：						自我评价： 签字： 时间：								

【拓展提升】

财务年结准备

随着会计电算化的普及,现在的财税人员,年结再也不用在账本上划红线,写上"结转下期(年)"这样的内容了。只要点击软件的几个操作按钮,软件就会统统完成所有繁冗的手工操作。但是,年结中系统无法对应的事项仍然不少,现对年结的管理程序梳理如下：

1. 各部门年结业务窗口的选定

在每年的 11 月底,经济业务量不大的企业也可以选在每月的中上旬,从公司所有部门选择一个人,作为年结窗口人员——联络员。所有年结关联事项,财务直接先行培训联络窗口人员,并通过窗口人员下发上收各种通知和票据。

2. 针对业务窗口人员的年结说明会召开

一旦选定了业务窗口人员,财务部要马上召开针对窗口的年结说明会,告诉他们,年结中和各业务部门关联的、需要配合的所有事项。如今年所有的票据、发票等不能跨年提交;明确预算费用的发生截止日;属于今年出库的存货必须及时出库;各种错误的调账;等等(另文发布)。让这些窗口人员清楚地知道在年结中涉及的内容有哪些,回去后在部门内进行宣导。

3. 年结工作正式通知的提前下发

说明会召开完毕,财务部需要趁热打铁,尽快拟定年结通知。正式发文到公司的各个部门,并要求各个部门进行签收。要求所有人员按照财务年结通知的精神和节点要求,配合财务一道完成年结工作。

4. 年结后年终总结报告的提交

财务年结后,需要形成各种报告数据,建议按照不同模块,并提供内部管理使用同类型资料。

项目 8　报表处理

━━━━━━━━━━━━━━━━━━━━━━ 学习目标 ━━━━━━━━━━━━━━━━━━━━━━

知识目标

(1) 了解主要报表的含义与作用。

(2) 理解报表格式,报表公式修改和定义的方法。

(3) 掌握查询报表的方法与流程。

(4) 掌握打印报表的方法与流程。

能力目标

(1) 能够运用云会计查询相关报表。

(2) 能够修改相关报表格式,进行公式修改和定义。

(3) 能够查询相关报表。

(4) 能够打印相关报表。

本章主要介绍如何运用云会计进行资产负债表、利润表、现金流量表、主要应交税费明细表、费用明细表等相关报表的查询,如何进行报表公式的修改和定义,如何打印报表、进行报表分析等操作。

系统概述

当期凭证保存后,将自动生成账簿和报表。报表模块对目前企业对外报送的三大主表:资产负债表、利润表和现金流量表,以及主要应交税费明细表、费用明细表等进行管理。

(一) 资产负债表

资产负债表是总括反映企业一定日期(月末、季末或年末)全部资产、负债和所有者权益情况的会计报表。它是以日常会计核算记录的数据为基础进行归类、整理和汇总,加工成报表项目的过程。它反映了企业在某一特定日期所拥有或控制的经济来源,所承担的现时义务和所有者对净资产的要求权。

报表公式是设置好的,用户只需要录入凭证后,系统会自动生成报表数据。

具体操作:

步骤1:在系统主界面中,将鼠标放在"报表"模块,单击"资产负债表",进入"资产负债表"页面。

步骤 2：在"资产负债表"页面中，设置查询的会计期间。

步骤 3：在"资产负债表"页面，可以执行以下操作：

（1）打印资产负债表：单击"打印"，直接进入资产负债表打印页面，可以单击打印机图标进行打印设置。

（2）导出资产负债表：单击"导出"，左下方出现 Excel 表格，直接打开查看或者保存至本地。

说明：单击资产负债表项目可以修改报表公式。

（二）利润表

利润表是总括反映企业在一定时期（年度、季度或月份）利润（或亏损）的实际形成情况的会计报表。利润表按照各项收入、费用以及构成利润各个项目分类分项编制而成的。本系统提供多步式利润表。

具体操作：

步骤 1：在系统主界面中，将鼠标放在"报表"模块，单击"利润表"，进入"利润表"页面。

步骤 2：在"利润表"页面中，设置查询的会计期间。

步骤 3：在利润表页面，可以执行以下操作：

（1）打印利润表：单击"打印"，直接进入利润表打印页面，可以单击打印机图标进行打印设置。

（2）导出利润表：单击"导出"，左下方出现 Excel 表格，直接打开查看或者保存至本地。

（三）现金流量表

现金流量表是综合反映企业一定会计期间内现金来源、运用及增减变动情况的报表。

具体操作：

步骤 1：在系统主界面中，将鼠标放在"报表"模块，单击"现金流量表"，进入"现金流量表"页面。

步骤 2：在"现金流量表"页面中，设置查询的会计期间。

步骤 3：在现金流量表页面，可以执行以下操作：

（1）调整现金流量表：单击"调整→清空并重算→下一步→清空并重算→保存"。

（2）打印现金流量表：单击"打印"，直接进入现金流量表打印页面，可以单击打印机图标进行打印设置。

（3）导出现金流量表：单击"导出"，左下方出现 Excel 表格，直接打开查看或者保存至本地。

（四）主要应交税金（税费）明细表

主要应交税金（税费）明细表可自动生成报表，可查询各期应交、已交、未交的增值税、城建税情况。

具体操作：

步骤1：在系统主界面中，将鼠标放在"报表"模块，单击"主要应交税金明细表"，进入"主要应交税金明细表"页面。

步骤2：在"主要应交税金明细表"页面中，设置查询的会计期间。

步骤3：在主要应交税金明细表页面，可以执行以下操作：

（1）打印主要应交税金明细表：单击"PDF打印"，直接进入主要应交税金明细表打印页面，可以单击打印机图标进行打印设置。

（2）编辑公式：在主要应交税金明细表页面，单击"编辑公式"，点击"项目"栏出现的图标修改公式，编辑完后，点击"取消编辑"按钮。

（3）导出主要应交税金明细表：单击"导出"，左下方出现Excel表格，直接打开查看或者保存至本地。

（五）费用明细表

点击"报表→费用明细表"进入费用明细表界面。费用明细表通过表格和趋势图可直观展示费用、收入类科目明细情况。

鼠标移到费用明细表期间处可设置过滤条件，其中会计科目限损益类科目。

（1）［只显示下级科目］：只显示过滤科目及其直接下级科目。

（2）［只显示最明细科目］：只显示过滤科目及其最明细科目。

（3）［不显示下级科目］：只显示过滤科目。

（4）［显示核算项目］：显示过滤科目中挂在核算项目下的科目及对应核算项目。

费用明细表支持打印、导出。

任务 报表与分析

【实训目的】

（1）明确期末自动结转过程中的工作流程和岗位角色操作。

（2）正确进行期末自动结转操作。

（3）完成期末自动结转业务处理。

【经济业务】

➢ 业务8-1 查询与分享资产负债表

查看2019年5期资产负债表，并运用微信一键分享发送给老板。

➢ 业务8-2 查询与打印现金流量表

查看2019年5期现金流量表，并进行打印。

▷ 业务 8-3   查询与打印"销售费用"明细账

查询 2019 年 5 期"销售费用"的明细账,并进行打印。

▷ 业务 8-4   查询主要应交税金(税费)明细表,并联查相关账簿

查询 2019 年 5 期主要应交税金(税费)明细表,并联查"销项税额"对应的明细账。

【相关知识】

1. 资产负债表

资产负债表是指反映企业在某一特定日期的财务状况的报表,反映企业在某一特定日期(通常是期末,如月末、季末、年末)全部资产、负债和所有者权益情况的会计报表,是企业经营活动的静态体现,所以又被称为静态报表。我国企业的资产负债表采用账户式结构,用于反映企业的资产、负债和所有者权益情况,帮助使用者评价企业资产的短期偿债能力、长期偿债能力、利润分配能力等。

资产=负债+所有者权益

资产负债表主要包含内容如下:

(1) 资产。流动资产包括货币资金以公允价值计量且其变动计入当期损益的金融资产、应收票据、应收账款、预付款项、应收利息、应收股利、其他应收款、存货、持有待售的非流动资产或持有待售的处置组中的资产和一年内到期的非流动资产等。

非流动资产包括以摊余成本计量的金融资产,以公允价值计量且其变动计入其他综合收益的金融资产、长期应收款、长期股权投资、投资性房地产、固定资产、在建工程、工程物资、固定资产清理、无形资产、开发支出、长期待摊费用、递延所得税资产以及其他非流动资产等。

(2) 负债。流动负债包括短期借款、以公允价值计量且其变动计入当期损益的金融负债、应付票据、应付账款、预收款项、应付职工薪酬、应交税费、应付利息、应付股利、其他应付款、持有待售的处置组中的负债、一年内到期的非流动负债等。

非流动负债包括长期借款、应付债券、长期应付款、专项应付款、预计负债、递延收益、递延所得税负债和其他非流动负债等。

(3) 所有者权益。实收资本(或股本)、资本公积、盈余公积、其他综合收益和未分配利润。

2. 利润表

利润表反映企业在一定会计期间的经营成果的财务报表。企业编制利润报表的目的是如实反映企业实现的收入、发生的费用以及应当计入当期利润的利得和损失等金额及其结构情况,帮助使用者分析评价企业的盈利能力、利润构成及其质量。包括的项目有:营业收入、营业成本、营业利润、利润总额、净利润、每股收益、其他综合收益和综合收益总额等。

利润表反映一定会计期间的收入的实现情况;反映一定会计期间的费用耗费情况;反映企业经济活动成果的实现情况,据以判断资本保值增值等情况。

3.现金流量表

现金流量表是财务报表的三个基本报告之一,所表达的是在一固定期间(通常是每月或每季)内,一家机构的现金(包含银行存款)的增减变动情形。

现金流量表的出现,主要是要反映出资产负债表中各个项目对现金流量的影响,并根据其用途划分为经营、投资及融资三个活动分类。现金流量表可用于分析一家机构在短期内有没有足够现金去应付开销。

【任务实施】

业务 8-1　查询与分享资产负债表

查看 2019 年 5 期资产负债表,并运用微信一键分享发送给老板。

步骤1:在左侧菜单栏点击"报表",选择资产负债表。可对本期资产负债表进行查看。

步骤2:在资产负债表界面,选择 2019 年 5 期,查看相应表格内容。

资产	行次	期末数
流动资产:		
货币资金	1	13,858,543.70
短期投资	2	
应收票据	3	56,500.00
应收账款	4	15,000.00
预付账款	5	12,000.00
应收股利	6	
应收利息	7	
其他应收款	8	14,985.00
存货	9	434,500.00
其中:原材料	10	
在产品	11	
库存商品	12	406,000.00
周转材料	13	24,000.00

步骤 3:点击右上角"分享",微信扫码进行分享(也可以云之家扫码分享)。

业务 8-2 查询与打印现金流量表

查看 2019 年 5 期现金流量表,并进行打印。

步骤 1:在左侧菜单栏点击"报表",选择现金流量表。在现金流量表界面,选择 2019 年 5 期,查看相应表格内容。

步骤2:点击右上角"打印",按照实际需求,进行相应打印。

业务8-3 查询与打印"销售费用"明细账

查询2019年5期"销售费用"的明细账,并进行打印。

步骤1:在左侧菜单栏点击"账簿",选择明细账。

步骤2:在明细账界面,选择2019年5期。

步骤 3：在右侧快速切换栏点击"销售费用"，系统会弹出对应的明细账。

步骤 4：点击右上角"打印"，按照实际需求，进行相应打印。

业务 8 - 4　查询主要应交税金(税费)明细表，并联查相关账簿

查询 2019 年 5 期主要应交税金(税费)明细表，并联查"销项税额"对应的账簿。

步骤1:在左侧菜单栏点击"报表",选择主要应交税金(税费)明细表。在现金流量表界面,选择2019年5期。

项目	行次
一、增值税	1
1、应交增值税	2
(1)期初未抵扣数(用负号填列)	3
(2)销项税额	4
进项税额转出	5
转出多交增值税	6
(3)进项税额	7
已交税金	8
转出未交增值税	9
	10
2、未交增值税	11

步骤2:点击"销项税额"后面本月数,系统会弹出销项税额总账。

项目	行次	本月数
一、增值税	1	
1、应交增值税	2	
(1)期初未抵扣数(用负号填列)	3	
(2)销项税额	4	37,700.00
进项税额转出	5	
转出多交增值税	6	
(3)进项税额	7	128,823.30
已交税金	8	
转出未交增值税	9	
	10	
2、未交增值税	11	

销项税额总账如下图所示:

步骤 3：点击"销项税额"前的科目编码，可以联查对应的明细账。

【任务评价】

工作任务序号	结果考核(40%)					过程考核(60%)								总分
	考核主体	实训成果	实训报告	成果汇报	合计	考核主体	职业态度	团队协作	工作质量	考勤纪律	小计	折合分值	合计	
具体工作任务	教师					教师70%								
						自评30%								

教师评价：	自我评价：
签字： 时间：	签字： 时间：

【拓展提升】

财务报表种类

（1）按照编报的时间分为月报、季报、半年报和年报。

（2）按照编制单位，可以分为单位报表和汇总报表。

（3）按照报表的取值范围，分为个别会计报表和合并会计报表等。

（4）按照不同的标准进行分类：

1）按服务对象，可以分为对外报表和内部报表。

对外报表：对外报表是企业必须定期编制、定期向上级主管部门、投资者、财税部门、债权人等报送或按规定向社会公布的财务报表。

内部报表：内部报表是企业根据其内部经营管理的需要而编制的，供其内部管理人员使用的财务报表。

2）按报表所提供会计信息的重要性，可以分为主表和附表。

主表：即主要财务报表，是指所提供的会计信息比较全面、完整，能基本满足各种信息需要者不同要求的财务报表。现行的主表主要有四张,即资产负债表、利润表、现金流量表和所有者权益变动表。

附表:即从属报表,是指对主表中不能或难以详细反映的一些重要信息所做的补充说明的报表。现行的附表主要有利润分配表和分部报表,是利润表的附表;应交增值税明细表和资产减值准备明细表是资产负债表的附表。

3) 按编制和报送的时间分类,可分为中期财务报表和年度财务报表。

广义的中期财务报表包括月份、季度、半年期财务报表。狭义的中期财务报表仅指半年期财务报表。

年度财务报表是全面反映企业整个会计年度的经营成果、现金流量情况及年末财务状况的财务报表。企业每年年底必须编制并报送年度财务报表。